L'hypocondriaque

OUVRAGES
DE ROBERT NEUBURGER

Aux Éditions Payot :

L'Art de culpabiliser
« On arrête ?... On continue ? » Faire son bilan de couple
Les Rituels familiaux
L'Autre Demande. Psychanalyse et thérapie familiale

Chez d'autres éditeurs :

Le Mythe familial (ESF)
Nouveaux couples (Odile Jacob)
Les Territoires de l'intime (Odile Jacob)
Les familles qui ont la tête à l'envers. Revivre après un traumatisme familial (Odile Jacob)
Après l'adoption. Comment font les parents (avec Cécile Dollé, Desclée de Brouwer)

Gilles Dupin de Lacoste
Dr Robert Neuburger

L'hypocondriaque

Sa vie, son œuvre

Petite Bibliothèque Payot

Retrouvez l'ensemble des parutions
des Éditions Payot & Rivages sur
www.payot-rivages.fr

Le présent ouvrage a précédemment paru aux
Éditions Payot sous le titre *L'Hypocondriaque*.

« Tout bien portant est un malade qui s'ignore. »

Jules ROMAINS

HYPOCONDRIE. *n. f.* (*h. 1490* ; 1781 ; de *hypocondre*). État d'anxiété habituelle et excessive du sujet à propos de sa santé (autrefois supposée avoir son origine dans les organes abdominaux des hypocondres). V. Mélancolie, neurasthénie.

HYPOCONDRE. *n. m.* (1398 ; plur. lat. *hypochondria*, du gr. *khondros* « cartilage des côtes »). I. *Anat.* Chacune des parties latérales de la région supérieure de l'abdomen, à droite et à gauche de l'épigastre. II. Hypocondriaque. « *C'est* (Barrès) *un hypocondre qui a de grands moments d'abattement* » (LÉAUTAUD).

HYPOCONDRIAQUE. *adj.* et *n.* (XVIe ; gr. *hupokhondriakos*). 1° *Méd. anc.* Qui a rapport aux hypocondres. *Maladie hypocondriaque.* 2° (XVIe). Qui est atteint d'hypocondrie. — D'humeur triste et capricieuse. N. *Un hypocondriaque.* ANT. *Gai.*

Et si c'était vrai ?

Vous connaissez cette blague qui fait se tordre les internes de médecine ? « L'hypocondriaque du 12 est mort cette nuit. » Eh bien oui, les hypocondriaques meurent aussi – hélas ! Mais ils détestent qu'on le leur rappelle. C'est ce qu'aurait dû savoir cette personne qui, au cours d'un dîner, m'a glissé : « L'un de mes amis était hypocondriaque comme vous. Malheureusement, il est mort la semaine dernière. » J'ai failli m'évanouir... Nous verrons plus loin qu'il y a des mots à ne pas prononcer devant un hypocondriaque, tout comme il y a des comportements à adopter face à un hypocondriaque en crise.

Je suis un grand inquiet. J'ai régulièrement peur d'avoir attrapé quelque chose de grave – pour ne pas dire plus. Malgré tout, et je m'en expliquerai, je ne suis pas malheureux. Le bonheur, la vie, le plaisir ne sont pas à mes yeux des mots vains – bien au contraire. Ce paradoxe est au centre du livre que vous tenez entre vos mains, à la fois témoignage de ma propre hypocondrie et tentative de lever le voile sur une réalité plus nuancée, plus complexe, plus surprenante que celle que tant de gens ont en tête.

L'hypocondriaque n'est pas un malade imaginaire, mais un être qui souffre ; et l'hypocondrie n'est pas une maladie, mais un moyen d'expression. C'est à cause de mon anxiété que je fais de l'hypocondrie, laquelle contribue à alimenter mon anxiété... Au début, mes crises se manifestaient par de terribles attaques de panique. Mais à l'époque j'ignorais qu'il s'agissait de cela, je voyais juste que mon corps exprimait quelque chose – mais quoi ? c'était alors un mystère.

L'hypocondrie a frappé à ma porte et je lui ai ouvert. Je lui ai répondu présent. J'ai réagi ainsi, je suppose, parce que mes crises d'anxiété avaient des conséquences physiologiques, palpables : forte tachycardie, sueurs froides, vertiges, fourmillements dans les bras et les jambes, pâleur, tremblements, fortes nausées, bouche tétanisée. J'avais la « vague » impression de mourir sur place ! Ces symptômes, typiques de l'attaque de panique, je pensais qu'ils étaient ceux d'une grave maladie. Ils me terrorisaient à l'époque et, aujourd'hui encore, alors que j'ai une forte conscience de mon état d'hypocondriaque, ils continuent de me faire peur.

Des crises, j'en ai fait quelques-unes tandis que j'écrivais ce livre. Témoigner m'angoissait. L'idée de discuter avec un médecin me rassurait. Robert Neuburger fut celui-là. Sa présence, son aiguillon, ses hypothèses, son constant souci de me laisser exprimer ma vérité, tout cela traverse le livre. Mais de quoi donc avais-je peur ? Lorsqu'on est hypocondriaque, les gens vous rassurent en disant : « Mais non, ne t'inquiète pas, tu n'as rien » ; et les médecins vous rassurent (du moins, en général) parce qu'ils estiment qu'effectivement vous êtes en train de faire une crise d'anxiété ; mais le véritable hypocondriaque, lui, pense toujours au pire. Car il vit avec l'impression qu'il pourrait – que dis-je ? qu'il va ! – disparaître. De sorte que, ces derniers mois, je n'ai pas pu m'empêcher d'imaginer qu'en disparaissant je renforcerais mon témoignage. Terrible pensée ! Il parlait de son hypocondrie et il est m... ! Cela n'a cessé de m'accompagner, d'autant que tout me ramenait à mes angoisses.

Prenez l'été dernier. Je loue une maison pour y passer les vacances avec mes filles. Je compte bien en profiter pour relire les notes que j'ai prises sur l'hypocondrie. Allez savoir pourquoi, en arrivant sur place, une idée me traverse, une intuition, un éclair : j'aurais loué un ancien cabinet médical ! Il fait nuit, je ne peux tout de même pas réveiller l'agent immobilier pour cela. J'inspecte immédiatement les lieux, étudie leur configuration. Oui. C'est cela. La chambre de mes filles devait être la salle d'attente... et la mienne, séparée de cette dernière par une sorte de sas, devait donc être le cabinet de consultation du médecin. Ma chambre avait donc vu défiler des milliers de malades ! Et parmi eux, combien de mourants ? J'en suis là de mon anxiété grandissante lorsque soudain, le pompon : je m'aperçois que le lit, *mon* lit, celui sur lequel je vais m'allonger, est placé de telle sorte qu'il ne peut que se trouver à l'endroit exact où se situait la table d'examen ! Délire ? Pas du tout, puisque le lendemain, après une nuit que je qualifierai d'exécrable, la présence d'une vieille plaque en cuivre à côté de la porte d'entrée, puis la réponse interloquée de l'agent immobilier à ma question fébrile, sont venues tout confirmer. Relire mes notes dans ce lieu fut, on s'en doute, une tâche impossible.

Le fait d'écrire un livre sur l'hypocondrie me faisait craindre qu'il pourrait, pendant cette narration, m'arriver quelque chose de lié à ma disparition. Pourtant, l'hypocondriaque parle facilement de son hypocondrie. Oui, il en parle, mais il ne la fige pas dans l'écriture. Quand on parle de l'hypocondrie à des amis, en soirée, et qu'on s'en amuse, cela fait partie d'une mise en scène, il y a une gestuelle, il y a le regard des autres, on se prend à son propre jeu, on a conscience d'amuser. On sait très bien, en y repensant, que les crises font souffrir, mais on se fait une raison, car dans le regard des autres on sent de l'intérêt, soit parce qu'ils sont curieux de votre état, dont ils se sentent à mille lieues, soit parce qu'ils sont proches d'y basculer mais n'osent l'avouer. Figer dans l'écrit ces sensations-là, cette anxiété, leur donne une dimension différente. Ça les arrête. À partir du moment où le témoignage existe, on se dit obligatoirement qu'il peut arriver quelque chose.

L'hypocondrie est en mouvement, jamais fixe ; elle recommence tout le temps, on peut en parler... mais pas plus. En figeant ou en ayant l'impression de figer ce qui a trait à l'hypocondrie, je risque de la faire disparaître. Telle pourrait être ma crainte, finalement. Un temps, pendant six mois, j'ai vu un psychothérapeute. Il m'a dit : « C'est ainsi que vous êtes. Cela ne devrait pas complètement disparaître de vous, parce que cela fait partie de votre personnalité. Il faut vous accepter ainsi, cela façonne votre personnalité, vous arrivez à vivre ainsi depuis des années, n'essayez pas de lutter contre. Soyez avec elle, vivez-la, vous arrivez à vous en amuser régulièrement, vous savez bien que c'est votre condition de vie. »

Écrire sur l'hypocondrie risque-t-il de faire disparaître un pan de ma personnalité ? Pire : n'y a-t-il pas un risque qu'en cours de route j'attrape exactement toutes les horreurs que je décris ? Superstition ? Et si c'était vrai ? Le 17 février 1673, ce grand hypocondriaque de Molière n'est-il pas mort sur scène, victime d'un malaise à la fin de la quatrième représentation du *Malade imaginaire* ?

Le jour où l'hypocondrie a frappé à ma porte

L'hypocondriaque cherche surtout à se prévenir d'une maladie mortelle. Son problème, c'est que, statistiquement, il risque autant de tomber gravement malade que n'importe quelle autre personne... Pour ma part, tout a débuté il y a vingt-cinq ans, peu avant mon mariage. J'avais vingt-sept ans. Auparavant, que ce soit durant mon adolescence ou lorsque j'étais étudiant, je ne me souviens pas avoir jamais eu peur pour ma santé, ni avoir fait des crises d'anxiété. Mes parents, très ouverts et assez tolérants, m'ont permis de rester longtemps un étudiant et de voyager dans le monde entier. C'est donc tardivement que j'ai pris conscience de la nécessité de travailler, d'avoir un engagement dans le travail, des responsabilités. Avant, je faisais des petits boulots pour financer sorties et voyages, livres et disques. Je vivais dans une chambre juste au-dessus de l'appartement de mes parents, où demeuraient également mes frères et sœurs. Progressivement, il m'est apparu que cet état ne s'éterniserait pas. Je suis donc entré dans la vie active en même temps que, tombé fou amoureux, je me suis mis en couple. Loyer, dépenses quotidiennes, tout a augmenté. Vint le mariage. Et ma prise de conscience que je n'avais pas assez de moyens matériels pour assumer mes responsabilités de futur père, de mari, dans la société.

Nous vivions d'un petit salaire et chaque fois que j'allais faire les courses, je voulais faire plaisir à ma femme qui avait tendance à ne pas regarder à la dépense. J'étais anxieux par rapport à ce shopping, à ces dépenses. Elle entrait dans des magasins, essayait plein de vêtements, très belle, condensé de charme, je les lui achetais mais mon corps entier se resserrait à l'idée de ne pouvoir faire face à tous ces frais. J'ai essayé de le lui faire comprendre, mais c'était mal vécu. Et je ne voulais pas être perçu comme un radin, ce n'est pas ma nature, je donne beaucoup ; mais je me rendais compte qu'avec le loyer et l'ensemble des autres dépenses incompressibles, je n'avais pas assez d'argent et que nous courions à la catastrophe financière. Il fallait faire attention. Parallèlement, je voulais lui offrir les plus beaux objets, on était dans la séduction, je la trouvais si belle. Une partie de moi-même avait peur (accélération du rythme cardiaque, oppression), mais je le faisais quand même. Engager la carte bleue me libérait, parce que cela faisait plaisir à ma femme et cela me faisait plaisir de faire plaisir, mais après coup, je me rendais bien compte qu'il y avait eu un malaise pendant l'acte d'achat.

Quand je m'ouvrais de mes inquiétudes à des amis, ils me disaient d'être un peu moins anxieux. Mais moi, je ne voulais pas perdre son amour, et je pensais que c'est ce qui risquait d'arriver si je ne me montrais pas « généreux » financièrement. Nous en parlions parfois, elle et moi, avec calme et tendresse, et d'autres fois avec passion. Cela durait entre dix minutes et une heure. Puis c'était oublié. Et cela recommençait.

Tout a donc débuté avec cette anxiété par rapport à mes nouvelles responsabilités et à l'avenir, qui impliquait des enfants, encore plus de responsabilités, un métier plus important, une meilleure rémunération pour pouvoir vivre correctement... Au fur et à mesure, les anxiétés grandissaient : courses, vacances, voyages ; tout ça devenait ingérable. Je n'ouvrais pas les relevés de banque ni les factures, je reculais toutes les dépenses administratives, les impôts, pour garder ma femme que j'aimais. Pour satisfaire ses désirs et probablement surtout le mien. Tout cela me faisait de plus en plus peur. Donc, au fur et à mesure que la dépense était engagée dans ce sens-là, au niveau du désir, du rapport amoureux, je sentais de plus en plus de crises absolument incroyables, avec toujours les mêmes types de symptômes : sueurs froides, balbutiements, tachycardie, douleurs dans le bras, la mâchoire, douleurs gastriques... J'ai fini par me dire qu'il y avait quelque chose : mon corps parlait. Les symptômes augmentaient, et je me disais : j'ai peut-être quelque chose au cœur, ou une tumeur au cerveau, ou un cancer aux intestins (une collègue avait alors son meilleur ami en train de mourir d'un cancer du colon à l'âge de vingt-cinq ans).

Le médecin que j'allais voir me rassurait, il prenait mon pouls, ma tension, me palpait, il faisait des tests très simples : équilibre, ganglions, auscultations diverses avec parfois une petite radiographie du rachis dorsal et une prescription d'analyse médicale (que je ne faisais pas). « Vous êtes anxieux, disait-il, mais vous m'avez l'air en pleine forme, et puis votre douleur dans le bras, c'est parce que vous avez eu un accident de ski et donc vous avez une douleur cervico-brachiale, et vous avez des névralgies, c'est récurrent pour l'instant, mais cela passera. » Il m'a prescrit des séances de massage. Pour ce qui est des douleurs dans la mâchoire, les balbutiements, les sueurs froides, les fourmillements dans les membres, on me disait que c'était de la spasmophilie, donc on préconisait du calcium, du magnésium, sans vraiment attendre les résultats des examens puisque je ne les faisais pas. Je prenais ces médicaments, et il y avait des périodes où ça allait bien, mais tout cela avait néanmoins tendance à continuer. Jusqu'au jour où l'on m'a prescrit un anxiolytique. J'ai rapidement constaté les effets bénéfiques de ce médicament, surtout lorsque les crises de panique avec sensation de mort imminente par arrêt cardiaque ou hémorragie cérébrale me prenaient au bureau, dans les transports en commun, dans la rue, ou sur une aire d'autoroute !

D'un autre côté, j'ai constaté que si, au départ, j'avais surtout ces crises avec ces douleurs bien plus régulièrement lorsque j'étais en situation de dépense dans le rapport affectif et dans la satisfaction des besoins quotidiens, ensuite, celles-ci, tout en continuant d'exister, se sont déplacées : je n'ai plus eu ces sensations de douleur uniquement dans le cadre des dépenses ménagères, car elles s'étaient « greffées » sur les différents endroits où je me déplaçais avec ma femme. En famille, dans les réunions, les dîners avec des amis, où la présence de ma femme, le discours qu'elle tenait sur nos rapports, mes crises d'anxiété, mes douleurs, la difficulté de vivre avec moi, etc., me devenaient particulièrement pénibles, et je n'arrivais pas à lui dire que mes angoisses étaient à respecter à cause des symptômes de mort qu'elles véhiculaient.

Vint le temps où je me suis mis à appréhender très fort ces dîners, ces sorties. J'ai commencé, avant de sortir, à avoir les mêmes symptômes que dans les boutiques : nausées, vertiges, douleurs dans le bras et dans la poitrine, bouche sèche, impossibilité d'articuler, mâchoire bloquée, tachycardie, fourmillements. Puis, cela s'est produit non seulement avant ces sorties mais aussi au milieu de celles-ci, par exemple à table chez des amis, ou en famille, en pleine soirée, au cours de fêtes, mariages, anniversaires... Avec, à chaque fois, la sensation que j'allais y passer.

L'anxiolytique se révélait, heureusement, particulièrement efficace pour faire disparaître ces épouvantables sensations.

En même temps, mes médecins (comme beaucoup d'hypocondriaques, j'en avais plusieurs), à qui je décrivais mes symptômes, me demandaient à la suite d'un rapide examen de santé au bilan positif si je traversais des périodes compliquées, et je répondais par la négative, niant qu'un problème affectif était en jeu, mais que j'avais juste quelques soucis d'argent... « Vous êtes comme tout le monde, vous êtes un peu stressé par les soucis d'argent, le boulot et le quotidien ; et vos douleurs, sont également partagées par de nombreuses personnes, ce n'est pas grave, vous les ressentez juste de manière un peu différente... *Vous somatisez un peu trop.* » Je ressortais donc avec une ordonnance de calcium ou de magnésium, un anxiolytique, et quelques examens sanguins que je ne faisais jamais de peur d'avoir quelque chose de grave.

Les crises se sont parfois un peu espacées, au lieu d'en avoir deux par semaine j'en avais deux par mois. Puis elles sont revenues, à mesure que se multipliaient des situations créant toujours ces mêmes symptômes, à un rythme quotidien.

Je m'allongeais sous mon bureau, tous mes collègues le savaient. Ils disaient : « Il n'est pas bien. » J'attendais que la crise passe. Je respirais un bon coup. Cela passait.

J'ai fait plusieurs fois appel à SOS Médecins en pleine nuit. Ma femme voyait que je n'étais pas bien : tout vert, transpirant à grosses gouttes, avec des vertiges et toujours cette forte tachycardie. Je prenais mon médicament miracle avant l'arrivée du médecin et j'étais déjà beaucoup mieux lorsqu'il arrivait (je me sentais un peu froid, mais reposé à l'idée de sa venue !), mais j'avais besoin de cette visite pour me rassurer : pour me dire tout simplement que ce n'était ni un infarctus ni une rupture d'anévrisme !

Et à chaque fois, c'était le même diagnostic : névrose d'anxiété ; et la même prescription : anxiolytique. Les médecins avaient l'air de connaître mon cas par cœur. Cela me rassurait.

J'ai eu des crises épouvantables. Un jour, sur les Champs-Élysées, les pompiers ne surent plus quoi faire avec moi. Ils sont restés une heure, m'ont mis un masque à oxygène, ils ont regardé si je n'étais pas cardiaque. Ils ont vu que c'était une crise de spasmophilie et m'ont dit de me calmer. Ils m'ont fait une injection, un truc très fort, car mon médicament avait du mal à faire son effet habituel.

Je me souviens très bien de l'une des premières grandes crises avec angoisse de mort imminente (j'ai remarqué que la plupart des hypocondriaques ont comme cela des souvenirs très marqués de leurs différentes angoisses de mort imminente). C'était quelques mois après mon mariage. Un matin, je me suis réveillé (c'était d'ailleurs avant que les crises ne se multiplient, j'étais revenu à deux ou trois crises par mois). Crise. J'étais dans la presse économique à l'époque, et j'avais été invité à un voyage inaugural du London City Airport, sur les docks, en banlieue de Londres. J'avais un vol vers dix heures du matin. Je me lève à six heures, je titube, sueurs froides, tachycardie, les symptômes habituels. Ma femme me dit d'aller voir le médecin, j'avais juste le temps avant mon avion. J'y vais et je lui dis : « Voilà, je ne sais pas ce que j'ai, je tremble de tous les côtés, je ne suis pas bien, j'ai des sueurs froides. » Plusieurs personnes attendaient, on m'a fait passer avant. J'étais un peu rassuré de pouvoir parler à quelqu'un. J'étais en pleine crise, cela se voyait, elle me demanda si par hasard je ne m'apprêtais pas à prendre l'avion. Si. « Bon, vous développez une anxiété liée aux voyages en avion, je vais vous faire une piqûre de valium et vous donner un comprimé à prendre dans le taxi. » Je suis arrivé shooté à l'aéroport, tremblant tellement que j'ai fait valser du comptoir d'enregistrement tous mes documents sous le regard stupéfait de l'hôtesse. Pendant dix ans, prendre l'avion m'a angoissé.

Les symptômes dont je parle me font craindre le pire : le médecin me rassure, il me dit que c'est nerveux, etc., mais quand je les ressens, je pense que je vais disparaître, que ce sont des symptômes de crise cardiaque, d'hémorragie cérébrale, d'embolie pulmonaire... parce que j'apprends à me faire médecin. J'écoute tellement le discours médical que je retiens les symptômes des maladies dont j'ai peur. Aujourd'hui encore, je me comporte ainsi. La dernière fois que j'ai fait appeler le médecin par ma fille aînée, je lui ai fait décrire mes symptômes (des fourmillements très forts dans les bras et les mains) qui faisaient penser à une crise cardiaque. Le médecin l'a rassurée, ce ne pouvait pas être cela. Je suis un habitué de la permanence des soins de Paris, urgences médicales, SOS Médecins, etc. J'ai dû appeler (et faire appeler) plusieurs fois les pompiers. J'avais l'impression qu'à chaque fois, c'était la dernière fois.

Donc, j'apprenais plus ou moins consciemment à connaître des symptômes de maladie, je les « repiquais » pour qu'on me prenne en charge. Je disais : « J'ai cela, c'est sûr. » J'ai eu mal à la tête récemment, avec des vertiges et des douleurs dans la nuque ; j'ai pensé avoir un cancer du cervelet. Et c'est ce discours qui est tenu aux médecins, aux pompiers qui rassurent l'hypocondriaque.

Une fois, j'étais chez une amie après mon divorce, j'avais très mal depuis deux ou trois semaines dans les jambes, sous la plante des pieds, c'était très bizarre. Je pensais que c'était plutôt d'origine mécanique, donc je m'angoissais moins. Si c'est une douleur à la mâchoire, on pense à la crise cardiaque ; si c'est la tête, on pense à l'hémorragie cérébrale ; dans le bras : crise cardiaque ; dans le ventre : hémorragie ; etc. Mais bon, sous la plante des pieds... mauvaise position du dos, j'ai des problèmes de dos... Chez cette amie, j'ai très mal sous la plante des pieds lorsque le téléphone sonne. Elle parle avec quelqu'un et dit : « Ah bon ? Comment ? Tu rigoles ? C'est pas vrai ! Comment tu t'en es rendu compte ? Comment ? Mais... Une douleur dans les jambes, dans la plante des pieds, qui remontait jusqu'au bassin ? Nooooon ! Comment ça, une leucémie ? » Et moi, au fur et à mesure, je pâlissais.

Après avoir raccroché, elle me dit : « C'était un ami, on vient de lui diagnostiquer une leucémie. Il a eu très mal dans les jambes. » Et moi : « Qu'est-ce que c'est que cette histoire ? » Je lui dis alors que moi aussi, j'ai très mal dans la plante des pieds... elle m'a rassuré, parce qu'elle avait été médecin et m'a dit que non, mon cas n'avait rien à voir. « Tu parles tout le temps de maladie... »

Je l'ai crue. Je ne suis pas allé consulter ensuite. Ses paroles m'avaient immédiatement calmé. Parce qu'elle m'avait parlé avec sympathie. Et puis, elle n'avait pas l'air d'y croire. En revanche, comme j'avais très mal au dos, elle m'a dit de me faire prescrire une séance de massages. Je suis allé voir un étiopathe, pour qui rien n'avait l'air grave, mon nerf était coincé dans les lombaires, point final. Quand je lui ai demandé si ce n'était pas le symptôme d'un cancer quelconque, il m'a répondu, étonné : « Pourquoi pensez-vous à cela ? » Dans son esprit, c'était bizarre. Pour lui, les choses étaient simples, j'étais bloqué et il allait essayer de me débloquer. Mais que le monde puisse être simple, voilà ce qu'un hypocondriaque a du mal à concevoir ! En deux séances de massages, la douleur a disparu. C'est revenu six mois après. Ce mal de dos, je l'ai depuis des années, mais je me dis que si c'était grave, j'aurais été réveillé pendant la nuit, et puis comme il apparaît et disparaît depuis longtemps, je l'aurais déjà su – mais comment ? Quand je suis inquiet, je me remémore les douleurs précédentes et les compare avec les présentes. Si elles sont identiques je suis rassuré puisque rien de grave ne m'était arrivé à l'époque. En revanche, si je perçois une nouveauté dans la douleur (un emplacement différent, une irradiation différente, etc.), alors l'inquiétude point et j'en parle au médecin.

En présence de ma femme à l'époque, je n'osais pas trop me plaindre de mes problèmes, je me cachais, parce que le fait de dire que ça n'allait pas bien aurait entraîné des discours sur moi qui auraient peut-être concerné ma relation de couple. Je me retirais dans le jardin, aux toilettes, dans un coin, et je me calmais. Je vivais mon hypocondrie seul. Quand je sentais la crise venir, je prenais mon médicament. (Depuis mon divorce, même en sa présence, devant les mêmes personnes que dans le passé, je n'éprouve plus ce blocage, et d'ailleurs elle rit elle-même d'une manière sympathique à mon discours d'hypocondriaque, celui-là même qu'elle ne supportait pas à l'époque !)

Si je voulais résumer, donc, je me dis : bon sang ! il faut que je dépense, je n'en ai pas les moyens, mais je le fais quand même.

Si je ne peux pas satisfaire ma femme, je pense qu'elle va m'échapper, qu'il n'y aura plus de désir. La personne que j'aime et que je désire va disparaître. L'hypocondrie frappe alors à ma porte et je lui ouvre. Les premières crises ont canalisé mon angoisse. Ensuite, les situations qui la créent se sont multipliées. Il y a eu l'avion, le métro, des petites phobies, des situations de grande crise, des minicrises, les responsabilités professionnelles, intervenir lors d'une réunion, participer à un débat... énormément de situations. Tout dépend du lieu où l'on se trouve, du moment où cela se passe, et des personnes en présence.

OÙ ET QUAND
L'HYPOCONDRIAQUE FAIT-IL
PLUS FACILEMENT UNE CRISE ?

Dans les aéroports et les avions
Dans les gares et les trains
Dans le métro
Sur un bateau
Sur une aire d'autoroute
À l'étranger
Au restaurant
Dans les centres commerciaux et les grands magasins

Lors d'une réunion familiale
Dans une salle de bains
À la piscine
Sous un soleil trop fort
À l'aube, au réveil
Après le petit déjeuner
Juste avant le déjeuner
Le dimanche après-midi
Face à un questionnaire médical pour un emprunt bancaire

Au cœur de tout cela, il y a le sentiment de responsabilité, un sentiment d'autant plus fort que j'ai des enfants, la peur de vieillir, trop vite associée à la perception croissante d'avoir à assumer un rôle d'adulte pour soi-même et au regard des autres, surtout des enfants. Des crises, j'en ai eu de terribles à cause de cela. Allais-je disparaître avant d'avoir pu tout mettre en place pour la survie de mes enfants ? J'espère en permanence ne pas être malade pour assumer toutes mes responsabilités et continuer d'apprécier pleinement le fait de vivre dans mes attirances particulières : les repas animés entre amis et autres sorties, la musique, la lecture, les voyages. La peur de disparaître incomplet, en somme !

Dans tout hypocondriaque sommeille une encyclopédie médicale – hélas !

Il ne veut rien entendre, mais il ne peut s'empêcher d'écouter. Dès qu'il est question de médecine, l'hypocondriaque tend l'oreille et se renseigne. Cela lui permet parfois de rendre service à des gens, en leur disant, après avoir écouté leurs symptômes, d'aller faire telle ou telle vérification. Un comble, non ? Il m'arrive donc d'être conseiller médical... pour les autres !

Comment obtient-il son « savoir » ? Ou plutôt, comme l'attrape-t-il ? Par bribes, qu'il complète. C'est que l'hypocondriaque a l'oreille attentive et l'œil acéré ! Alors qu'il écoute une conversation, ou qu'il lit la presse, ou qu'il regarde un documentaire à la télévision, soudain quelque chose attire son attention, un mot, une image, un son qui relève de la médecine. Aussitôt, il l'enregistre dans sa mémoire. Si l'on me donne le nom médical d'un symptôme, j'ouvre le dictionnaire et je lis non seulement sa définition, mais aussi celle de tous les autres mots qui lui sont associés. Je retiens d'abord presque tout, puis cela semble quitter mon esprit. Mais il n'en est rien. Certains mots me reviennent en mémoire quand j'ai certains symptômes.

Je deviens une petite encyclopédie.

Je souffrais de sinusite. On me prescrivit donc une radio des sinus. (J'ouvre un dictionnaire. Je consulte l'entrée « sinus ». Rien d'alarmant. Quoique... Je vois l'expression « sinus carotidien ». Bizarre... Je file à l'entrée « carotide ». Une artère vitale ! Début d'inquiétude.) Quand j'eus entre les mains les résultats de la radio, je lus : « Multiples polypes dans les sinus. » Des polypes ! Dans *mes* sinus ! Pas de doute, ce ne pouvait être qu'un cancer ! Direction le dictionnaire. Polype : un certain type de tumeur. Brrrr ! Ce mot ne rassure personne. J'en revérifiai donc la définition une dernière fois (quoique, pour un hypocondriaque, ce ne soit jamais la « dernière fois » !). Et là, avec effroi, je lus : « Tumeur maligne (cancéreuse), à cellules monstrueuses, envahissant les tissus voisins (tiens, voilà que je pensais à métastases) et ayant tendance à récidiver. » Poursuivant ainsi, de proche en proche, je débouchai sur « sarcome », puis sur « ostéosarcome »... Gloups ! Et voilà comment une sinusite est devenue un cancer des os. L'un des pires, à ma connaissance. Aïe !

Ce genre de réaction est fréquent chez les hypocondriaques. Le problème, on s'en doute, est que cette façon de lire, qui fait penser à la comptine « marabout, bout d'ficelle, selle de ch'val », leur fait découvrir et mémoriser la multiplicité des maladies et autres problèmes de santé. En général, néanmoins, après avoir chuté par les mots dans le gouffre de l'imaginaire, ils essaient de se raisonner et referment le dictionnaire en pensant : « Je ne me sentirais pas bien du tout si j'avais vraiment ceci ou cela. » Mais si justement, ce jour-là, ils ne sont pas en très grande forme physique, ils peuvent aussi entamer un délire. Pour peu que l'anxiété s'installe, il ne leur reste quasiment plus que la solution médicamenteuse pour se calmer.

Les deux types d'hypocondriaque

Il y a quelques années, peu après mon divorce, j'ai fait une pneumonie, une vraie de vraie. J'avais eu très mal toute la nuit dans le dos, avec des difficultés à respirer. Je suis passé voir l'un de mes médecins qui m'a dit qu'il y avait un râle et qu'il fallait faire une radio. Chez le radiologue, on me dit de me déshabiller, de lever les bras, clic-clac, puis de me rhabiller – et : « Il faut en refaire une, le cliché est mauvais.

– Il y a un problème ?

– Monsieur, on reprend un cliché. »

Très bien. On reprend un cliché. Puis je vais en salle d'attente. Au bout de vingt minutes, une dame m'appelle : le médecin veut me voir. Moi qui croyais qu'on allait juste me donner mes radios ! Mon cœur s'est mis à partir en flèche. Le médecin me dit : « C'est très sérieux, vous devez aller à l'hôpital, j'ai fait un rapport. » Je demande ce que j'ai, il me répond de voir cela avec mon médecin traitant. « Allez le voir immédiatement. » Sueurs. Froides.

Chez moi, je téléphone à mon frère, qui est médecin. Je lui raconte l'histoire, lui lis le rapport. Il dit : « Ah oui, pneumocoque, pneumopathie, tu dois avoir une sacrée fièvre. J'arrive. » Il met les radios contre la fenêtre : « Oui, tu as une belle pneumonie. » Il prend contact avec mon médecin, on me prescrit un traitement, je n'avais pas voulu aller à l'hôpital, on aurait pu me trouver quelque chose de pire.

Après cela, je suis allé consulter un pneumologue qui m'a suivi, m'a posé tout un tas de questions... Il m'a prescrit des examens – que je n'ai pas fait parce que j'ai eu peur qu'on me trouve une saloperie. Et puis il m'a dit de revenir un mois plus tard pour faire une radio de contrôle. J'ai mis trois ou quatre mois avant d'y aller : j'étais tétanisé de peur. J'ai demandé à mon frère de me rejoindre pour faire la radio. Il ne me semblait pas très à l'aise, cela m'angoissait un peu. Mais les radios étaient normales. Affaire classée.

En réalité, pas complètement. Car ensuite, pendant un an, j'ai régulièrement craché dans le lavabo, frémissant chaque fois à l'idée que pourraient apparaître des gouttes de sang dans ma salive. Et ce qui devait arriver arriva. Un jour, il y eut du sang. Trois fois rien, mais j'ai bondi en arrière, et pendant une semaine, chaque jour, j'ai craché, craché et recraché. Cela ne s'est pas reproduit, je n'avais pas mal : c'était probablement une gencive. Je n'ai rien vérifié. Mon frère et plusieurs autres personnes m'ont dit : « Mais non, ça a disparu, tu as dû saigner d'une gencive. » Certains hypocondriaques sont comme ça, si ils ressentent quelque chose de bizarre dans leur corps, ils se font prescrire ou on leur prescrit d'office un examen, pire : *des* examens. Le temps passe, et ils ne font pas ces contrôles. C'est plutôt angoissant. Dans le cas de ma pneumonie, pendant plusieurs mois j'ai ainsi vécu quotidiennement avec l'anxiété du sang dans mes poumons pouvant révéler un cancer quelconque. Beaucoup de sueurs froides qui auraient pu être évitées.

Je suis un hypocondriaque qui a peur d'apprendre qu'il a quelque chose. Je me fais prescrire des examens, pour que ce soit listé, mais une fois ma crise passée je ne les fais pas. J'ai trop peur du résultat. D'autres hypocondriaques, au contraire, se font contrôler en permanence, enfilant tous les types d'examens : cardiologiques, cérébraux, échographiques, etc. Tout le corps y passe.

La différence entre ces deux hypocondriaques, c'est que l'un est plus intelligent que l'autre ! du moins plus rationnel. Personne ne peut nier, en effet, qu'il vaut mieux, lorsqu'il s'agit de maladie, prévenir que de faire l'autruche. Cela dit, aucun des deux n'est plus hypocondriaque que l'autre. Ils vivent simplement leur hypocondrie d'une manière différente. On observe un excès de prévention chez ceux qui veulent acquérir la certitude qu'ils ne sont pas malades. Et chez les autres, dont je fais partie, un pic d'anxiété quand ils s'imaginent qu'ils *pourraient* avoir attrapé une maladie. Eux n'éprouvent pas le besoin d'aller vérifier quoi que ce soit. Mais dans les deux cas, ils ne sont pas persuadés – du moins, pas totalement – qu'ils n'ont rien. Un léger doute les taraude toujours.

Chez le médecin, je demande régulièrement une série d'examens. Et je ne les fais pas. Ou alors, de temps en temps, juste un petit, celui qui engage le moins de terreur. Entre un examen de la prostate et une radio des lombaires, je choisis les lombaires, car je crois sincèrement que j'ai le nerf sciatique coincé. Ou bien je privilégierai la radio des cervicales parce que, m'étant cassé une vertèbre cervicale il y a quelques années, je suppose que cela a laissé une trace expliquant facilement la douleur. Bref, je subis les examens que je perçois comme étant les plus « mécaniques » et je m'abstiens lorsque je pense qu'ils pourraient révéler quelque chose de grave. C'est le cas des scanners, IRM, échographies, ainsi que de certaines analyses de sang, voire d'urine.

À ce propos, lors des visites médicales du travail, je dis systématiquement que je n'ai pas envie d'aller aux toilettes pour éviter le test d'urine, qui pourrait entraîner d'autres vérifications. Un jour, peut-être la prochaine fois, j'accepterai, mais pour l'instant, non. Tout dépend de l'état psychologique dans lequel je me trouve, un état révélateur de certains états contradictoires chez l'hypocondriaque, qui agit souvent à l'impulsion, au *feeling*. Récemment, ayant des calculs rénaux, j'ai dû faire une échographie. J'y suis allé aussitôt, car avec un calcul, même si cela fait terriblement mal, il n'y a – en principe... – aucun risque d'apprendre que l'on est atteint d'une grave maladie. Je me suis retrouvé à demander au médecin si je n'avais pas un cancer de la vessie, ce qu'il est allé immédiatement vérifier. Mon cœur a certes accéléré quand j'ai fait cette demande, mais d'un autre côté, si l'on m'avait prescrit une échographie de la vessie, j'aurais vécu cela très différemment, avec une bien plus grande inquiétude.

L'hypocondrie n'est pas un handicap, mais un particularisme

Vis-à-vis de soi-même, des autres, des responsabilités professionnelles, l'hypocondrie ne simplifie certes pas la vie quotidienne. Il m'arrive de ne pas prendre la parole en réunion uniquement parce que je crains la crise d'anxiété. Je repousse toujours au dernier moment les responsabilités : impôts, etc. Je fais tout en retard, je fuis, de même que je fuis en permanence la maladie – toutes les maladies, les miennes comme celles qui visent mes proches. Sans doute serai-je aussi en retard au moment de mourir...

Quoi qu'il en soit, l'hypocondrie n'est pas un handicap, mais un particularisme. C'est ainsi que je le perçois. D'abord parce que cela fait partie de ma personnalité. Ensuite parce que l'hypocondriaque, quand il n'est pas en crise, amuse. Je perçois dans le regard des autres un certain amusement. Ceux qui sont un peu pareils, mais qui l'avouent moins, sont amusés, comme ceux qui ne sont pas du tout comme moi et qui trouvent que je suis bizarre. Mais ils ne m'étiquettent pas anormal, juste... atypique.

Amusant, l'hypocondriaque ? J'y reviendrai. Ce n'est pas sûr pour tout le monde. Si les gens sourient, à la maison, en revanche, les enfants fatiguent. Et c'est là, aujourd'hui, mon principal souci : la peur de faire peur à des êtres dont je suis entièrement responsable. Devoir appeler le médecin parce que leur père, allongé, livide, dans un canapé, pense qu'il va disparaître dans la minute qui suit : il y a là, en effet, de quoi angoisser des enfants.

La confrérie des hypocondriaques

Mes collègues de travail savent que je suis plus ou moins angoissé, ils me laissent faire ma crise, m'allonger. D'autant qu'il y en a toujours un ou deux, voire plus, dans le même cas que moi. Alors on se parle. On forme une sorte de confrérie.

L'hypocondriaque est fou de joie lorsqu'il en rencontre un autre. C'est qu'il va pouvoir se rassurer en comparant ses symptômes avec ceux de son interlocuteur. Ensemble, ils refont le monde à partir de leurs symptômes, mais sans entrer dans l'analyse : ils s'amusent simplement du ridicule des situations dans lesquelles ils se mettent ou mettent les autres à cause de leurs crises d'anxiété liées à l'hypocondrie ou de leurs délires hypocondriaques révélateurs de leur anxiété.

Un hypocondriaque en décèle un autre très facilement. À de petites réflexions, apparemment anodines, faites comme en passant. Tout est dans le ton. Quelqu'un dit, avec une intonation particulière : « J'ai mal là », ou « J'ai une amie qui vient de se faire opérer de... », ou « Je n'ai pas le droit de manger cela. » Ou bien il ponctue ses phrases d'un « c'est assez inquiétant ». Ou encore il a une façon très personnelle de dire : « Ah bon ! », de lancer des regards dubitatifs quand on aborde les questions de santé, le tabac, l'alcool, l'heure du coucher, la fréquence des exercices physiques, etc.

« Je suis hypocondriaque.

– Ah, vous aussi ? »

Et c'est parti.

En règle générale, les hypocondriaques ne se réunissent pas en grand comité. Ils ont plutôt tendance à se « trouver » au milieu d'une assemblée de non-hypocondriaques. Vous êtes à un dîner. Vous rencontrez un autre hypocondriaque. Vous passez la soirée avec ce membre de votre confrérie, dont la présence vous rassure. C'est que vous n'êtes pas le seul hypocondriaque ce soir-là. Ensemble, vous en parlez et racontez vos histoires, chacun avec ses propres anecdotes, vous amusant de tout cela. C'est théâtral. Surtout à partir du moment où d'autres personnes viennent s'immiscer dans la conversation. Mais je le répète une fois encore : entre hypocondriaques, on n'analyse pas nos symptômes ; on s'amuse d'eux. On ne cherche pas à savoir d'où vient notre anxiété. C'est un état de fait : nous sommes des anxieux hypocondriaques, et nous racontons nos anecdotes. En voici une.

À Marrakech, la femme de notre voisin m'a dit : « Vous êtes tout pâle, vous ne seriez pas cardiaque par hasard ? » J'ai répondu : « Comment ? » Et son mari lui a dit : « Ne dis pas ça à un hypocondriaque ! Tu es cinglée ? » Je savais qu'il était professeur en pharmacie et médecin également à l'hôpital principal de Casablanca. Comme par hasard, cette nuit-là, à quatre heures du matin, j'ai fait une énorme crise... Tout mon corps tremblait, et mon anxiolytique ne faisait pas l'effet habituel. D'autant plus inquiet quant aux causes de ma crise, j'ai alors demandé à mes filles d'aller le réveiller pour lui dire qu'il fallait me conduire d'urgence à l'hôpital, car j'étais persuadé de faire un infarctus. Il est arrivé avec sa femme, m'a placé un bandeau autour de la poitrine tout en prenant mon pouls et me faisant prendre de l'aspirine. Au bout d'une demi-heure de contrôles divers et de discussion, mon rythme cardiaque avait retrouvé la normale sous le regard anxieux de mes filles. Il m'a assuré que je venais de faire une belle crise d'angoisse ! Il a également rassuré mes filles, ce qui a contribué à me soulager. Aussi, le lendemain, je me suis demandé si cette crise n'avait pas été due au fait que je me retrouvais seul, responsable de mes filles à l'étranger, ou bien au fait que je me trouvais dans une ville que mon père, qui y avait fait son service militaire, avait adorée dans sa jeunesse.

Ce type de crise est particulièrement révélateur de certains comportements de l'hypocondriaque. Il a des symptômes, se sent mourir, puis constate qu'il est toujours vivant, ou du moins qu'il n'a pas été victime d'un accident grave de santé depuis la manifestation plus ou moins récente de ces symptômes, ce qui le met inconsciemment en situation permanente de répétition de ses crises d'anxiété se manifestant par des comportements hypocondriaques. Cela lui donne bien la preuve que ses symptômes sont uniquement liés à l'anxiété, ce qui explique que, dans mon cas particulier, je n'aille pas davantage vérifier l'origine de ceux-ci.

Il existe plusieurs types de comportement hypocondriaque. Ceux-ci varient en fonction des histoires personnelles. En voici quelques-unes. Vous le constaterez, elles concernent des hommes comme des femmes, des adultes comme des adolescents, ce qui me permet de tordre le cou à une idée reçue qui voudrait que l'hypocondrie soit une pathologie exclusivement masculine.

Voici donc Élodie, seize ans. Elle est la cadette de trois enfants. Elle a déjà conscience d'être hypocondriaque. Son hypocondrie a commencé à se développer quand elle avait dix ans. Elle craignait alors de s'endormir, car elle pensait qu'elle ne se réveillerait pas le lendemain. Au réveil, elle avait besoin d'aspirer de grandes bouffées d'air pour avoir conscience d'exister.

Pendant la journée, à l'école ou en famille, elle a ressenti plusieurs années des troubles du type vertiges, tachycardie, bouffées de chaleur, accompagnés d'une sensation de disparition. Elle avait alors peur d'avoir les symptômes d'une maladie grave. Sa mère et elle en ont parlé régulièrement au pédiatre de la famille qui a toujours su trouver les mots justes pour la rassurer sur ses angoisses. Cela a duré ainsi quelques années, avec des crises d'anxiété plus ou moins espacées, accompagnées de visites chez le pédiatre et le généraliste, et avec toujours les mêmes réassurances. À l'époque, aucun anxiolytique ne lui a été prescrit. Elle racontait ses anxiétés et les médecins comme sa mère la rassuraient tant bien que mal. On lui prescrivait uniquement les médicaments nécessaires à ses symptômes : maux de tête, maux de ventre, etc.

Lorsqu'elle a douze ans, Élodie perd son grand-père. Elle a la preuve, figée à jamais, de la disparition en voyant le corps du mort. Les symptômes d'anxiété se multiplient : davantage de problèmes de respiration, de tachycardie, de maux de ventre, de tremblements, de sueurs froides accompagnées de pâleur, avec une très forte angoisse de mort ressentie tous les soirs avant de s'endormir. Elle éprouve alors de plus en plus le besoin de parler de ces symptômes à ses parents, mais elle n'ose pas demander des analyses de sang et des examens particuliers de peur de les ennuyer : elle craint le ridicule. « Mais si ça ne tenait qu'à moi, je me ferais faire tous les examens possibles, dit-elle. Récemment, une voiture m'a renversée. J'ai été gravement blessée au bras. On a été obligé de me faire de multiples analyses de sang. Les résultats étant bons, cela m'a rassurée. »

Aujourd'hui, Élodie vit donc en permanence avec l'anxiété de la mort. Elle a toujours les mêmes symptômes. Elle en parle assez régulièrement à sa mère qui la rassure, mais elle évite d'évoquer ses problèmes en famille ou devant ses amis. Avec les uns, elle craint de lasser ; avec les autres, de paraître anormale. Elle peut néanmoins s'appuyer sur la bienveillance de sa cousine, qui joue auprès d'elle le rôle de confidente. Savoir qu'elle est écoutée lui procure une grande aide. « Il n'y a qu'à elle et à ma mère que je peux dire que la grippe aviaire m'inquiète, même si notre généraliste m'a rassurée à ce propos. Je suis très à l'écoute des maladies qui peuvent se développer et de celles qui existent. »

Bien que le généraliste lui ait recommandé de prendre un léger anxiolytique, Élodie ne prend pas de médicaments, son « pédopsy » le lui déconseillant. La thérapie produit quelques effets, les symptômes se sont atténués, mais sans disparaître. « Je les ressens plus qu'avant lorsque je suis éloignée de ma famille, chez les amis, à l'école, dans les transports et seule dans les grands magasins. Chez moi, de moins en moins, parce qu'on essaie de m'apprendre à raisonner en prenant sur moi. C'est difficile, mais je sens que cela m'aide. Sauf le soir avant de m'endormir : j'ai trop peur de disparaître dans mon sommeil. »

Élodie observe des rituels de propreté. « Je me lave plusieurs fois par jour, je pense sincèrement que cela me rassure. Je fais attention à mon corps, je me coiffe régulièrement, je suis attentive à ma tenue vestimentaire, à la propreté des gens et des lieux. »

« Ces derniers mois, souffrant de multiples céphalées et de migraine chronique, on m'a prescrit, certes après que j'aie beaucoup insisté, un scanner du cerveau. Résultat : rien ! J'aimerais que l'on me fasse régulièrement des examens de ce type sur tout le corps, mais j'aurais peur de passer pour une imbécile ! »

Élodie ne connaît pas d'autres adolescents hypocondriaques. « Mais d'un autre côté, je n'en parle qu'à trois ou quatre personnes, alors je ne risque pas d'en rencontrer beaucoup ! » En revanche, elle sait que de nombreux adultes sont hypocondriaques et cela la rassure un peu.

Elle a conscience d'exister par ses inquiétudes, mais se cache plutôt que de théâtraliser son hypocondrie. Il faut aller la chercher pour qu'elle en parle. C'est qu'elle vit assez mal son état, en souffre, se demande quand cela va bien pouvoir finir.

Elle associe cela à de la mélancolie, dans la mesure où ses amis lui disent souvent qu'elle n'a pas l'air heureuse, toujours préoccupée, etc. Elle a néanmoins l'air de bien comprendre et cerner tout cela avec une certaine dose d'humour quand elle se confie. Elle arrive à parler sereinement de ses crises de panique avec délires hypocondriaques.

Je lui demande : « Tu as peur de disparaître avant d'avoir vécu ?

– Oui. Les adultes aussi ?

– Oui, bien sûr. Et la disparition des autres, tu y penses parfois ?

– Oui, mais pas en pleine crise d'hypocondrie. Après la crise, je me dis que tout le monde devrait être comme moi et là je peux parfois penser à leur propre disparition, mais ça me fait peur.

– Et la folie ?

– J'ai peur de tomber dedans à cause de mon hypocondrie. J'ai la phobie du noir. Le soir, avant de m'endormir, j'ai peur d'éteindre la lumière. J'ai l'impression de vivre dans une insécurité permanente. Je ne pourrai jamais être satisfaite, c'est un cercle vicieux. C'est peut-être pour cela que, le soir, j'ai peur d'éteindre. »

Comme la plupart des hypocondriaques, enfin, Élodie ne supporte pas certains mots qui la font frissonner ou cogiter. La liste est longue : sorcellerie, folie, diable, damné, tendon, nerfs, funèbre, funérailles, corbillard, cercueil, pompes funèbres, dame blanche, dame noire, esprits, les noms de maladie, blessé, lugubre, hurlement, sang, douleur, vertige, obscur, catastrophe, communauté, décès, obsèques, magie noire, mystère, macabre, cadavre, cadavérique, croque-mort, tremblement, pâleur, arrêt, vitesse, bizarre, étrange, mystique, hystérique, clinique, hôpital, mortuaire, morgue, cercle, pas normal, inquiétant, vide, ombre, masqué, sursaut, panique...

Écoutons maintenant Thomas, vingt-sept ans, saltimbanque, ex-étudiant à Sciences-Po. Il se souvient de son adolescence pendant laquelle il a toujours pensé être affecté par de graves maladies sans vraiment en parler autour de lui. Quand il commence ses études supérieures, il est en même temps attiré par un métier d'artiste qui devient vite une passion : saltimbanque. Il hésite alors entre les deux avec de multiples pressions familiales pour poursuivre Sciences-Po. C'est alors qu'il entre dans une période d'attaques de panique incessantes. Il éprouve une multitude de symptômes d'anxiété : vertiges, malaises vagaux, sueurs froides, tachycardie, difficultés d'élocution. Il doit prendre ses responsabilités, ce qui a tendance à développer davantage les symptômes. Il finit par se décider : ce sera « saltimbanque ». Il est conscient de la précarité dans laquelle il risque de s'installer. Puis, il y a la naissance d'un enfant, les responsabilités augmentent, tout comme les divers symptômes évoqués plus haut. Il est persuadé qu'il est en train de développer une maladie grave. Mais il ne vérifie rien.

Thomas n'est pas théâtral lorsqu'il évoque devant moi son hypocondrie. Il reste pudique. D'ailleurs, en général, il n'en parle à personne, il la garde pour lui, ce qui accroît son anxiété naturelle. Seul le hasard, et le fait que ma propre hypocondrie lui ait été révélée, l'ont incité à s'exprimer.

Aujourd'hui, il a l'air de bien vivre de son métier et apparemment ses crises d'anxiété sont plus espacées, même s'il se sent toujours hypocondriaque. Il est conscient du fait qu'il pourrait « replonger » à nouveau si un événement venait déstabiliser sa vie professionnelle actuelle. Il a toujours un anxiolytique avec lui au cas où. « Mais bon, je suis fait comme ça. » Il ne se fait jamais prescrire d'examens et, si on lui en prescrivait, il aurait peur de les faire.

Hélène pense que les hypocondriaques se recrutent plus souvent chez les hommes que chez les femmes. Selon elle, il doit s'agir d'une perception du rapport à la mort par le corps différente entre les deux sexes. Elle a quarante-cinq ans, elle est la dernière d'une famille de quatre enfants, a le souvenir d'avoir toujours été une grande anxieuse depuis sa tendre enfance. Toute petite déjà, elle avait en permanence peur d'avoir l'appendicite, d'avoir à subir une anesthésie et de mourir. Pendant son adolescence, elle avait régulièrement de fortes brûlures d'estomac, qui redoublèrent l'année du bac, au point qu'Hélène crut qu'elle avait un cancer de l'estomac.

Mais chez elle, on était antimédecin : les médicaments sont des drogues ; quand on ne se sent pas bien, on aère la pièce et on respire un bon coup ! Pourtant, son anxiété prend de plus en plus d'ampleur, entraînant des visites chez le médecin, qui ne diagnostique rien de précis hormis des crises d'angoisse qui ne sont pas traitées. Elle a des boules d'anxiété, elle consulte, le médecin est attentif, la prend au sérieux, la rassure et, systématiquement, la crise passe, donc il n'y a rien de grave, ce qui n'entraîne pas la disparition de l'hypocondrie et des symptômes d'anxiété. « Quand ça ne va pas, je consulte, je constate que je n'ai rien, je suis rassurée et je repars pour un tour. »

Il y a des périodes avec beaucoup de crises et des périodes plus calmes. Hélène fait une thérapie vers trente ans, pas foncièrement à cause de son anxiété, qui de toute façon est l'un des éléments de sa personnalité, mais pour des raisons qui lui sont plus personnelles, son état général dont l'anxiété.

Hélène a trois enfants. On aurait pu croire que, ses responsabilités augmentant, elle aurait des crises plus fréquentes. Mais c'est exactement l'inverse qui se produit. Durant ses trois grossesses et les années consacrées à l'éducation de ses enfants en bas âge, Hélène est moins anxieuse, donc moins hypocondriaque. Actuellement, ses enfants sont adolescents ; de temps en temps, Hélène fait une crise.

Elle ne prend aucun médicament. En revanche, elle parle beaucoup de son hypocondrie avec ses collègues de bureau et avec ses amis. Théâtraliser l'hypocondrie l'amuse, parfois jusqu'au fou rire. Elle adore la vie, les gens, l'humour.

Si on l'interroge sur les causes probables de son hypocondrie, Hélène évoque une grand-mère morte d'angoisse, avec un ulcère à l'estomac, le jour du mariage de sa petite-fille, la sœur d'Hélène. Cette dernière avait alors douze ans. Cet épisode l'a profondément marquée, provoquant aussitôt chez elle une terrible angoisse de mort. Hélène se souvient également d'une mère toujours angoissée pendant son adolescence et qui, le jour de son mariage, à vingt-neuf ans, portait des lunettes noires comme pour un enterrement.

Hélène sait parfaitement que son hypocondrie est liée à son caractère anxieux. Elle pense être responsable du fait que son fils aîné, âgé de vingt et un ans, soit devenu hypocondriaque. (À propos, je dois avouer que ma fille aînée me semble, elle aussi, manifester de fortes tendances hypocondriaques.)

Hélène pense que l'hypocondrie masque chez elle d'autres angoisses. Cela ne semble pas lui poser trop de problèmes. Elle trouve plutôt séduisant le fait que son angoisse de la mort passe par l'hypocondrie. Elle pense que c'est sa façon personnelle de jouer avec la mort, avec l'idée de finitude. Cela fait partie de sa vie. Elle n'a donc pas vraiment envie de voir disparaître son hypocondrie.

Dans la journée, il lui arrive fréquemment qu'un symptôme anodin lui fasse penser à une maladie. Par exemple, elle sent un ganglion sous l'aisselle et se dit que c'est peut-être un cancer. Elle s'inquiète, puis se calme, y repensant parfois la nuit venue avec, dans ce cas, quelques sueurs froides.

Hélène ne considère pas que certains endroits puissent générer plus que d'autres une crise d'hypocondrie. En revanche, lorsque la crise est là, Hélène préfère, comme la très grande majorité des hypocondriaques, qu'elle ait lieu à la maison. Si Hélène se trouve alors au milieu d'une foule ou en voyage, son niveau d'anxiété augmente.

Hélène ne prend pas d'anxiolytique régulièrement, mais seulement quand les crises sont importantes. Son armoire à pharmacie ne déborde pas de produits. On y trouve la base, c'est tout. D'ailleurs, Hélène s'efforce de prendre le moins de médicaments possible, car elle craint terriblement leurs effets secondaires. Quand on lui en prescrit un, elle l'achète, lit et relit la notice d'avertissement, s'inquiète des effets secondaires et, en général, préfère ne pas prendre le produit. Elle ne fait pas non plus tous les examens médicaux qui lui sont prescrits, sauf si elle a le sentiment qu'ils sont absolument nécessaires. En revanche, elle adore tomber sur un médecin dans une assemblée, car elle sait qu'elle aura toujours quelque chose à lui demander, que ce soit pour se rassurer elle-même ou pour un membre de sa famille.

La parole de l'autre, qu'il soit hypocondriaque ou médecin, doit à la fois entrer dans son prisme et stopper son délire. Hélène a besoin d'être recadrée et rassurée dans son délire, non seulement par rapport à elle-même, mais aussi vis-à-vis de ses enfants, son hypocondrie ayant tendance à se décaler sur ses proches.

Les mots qu'elle n'aime pas : aveugle (qui la terrorise), folie, suicide, anorexie, tous les mots pouvant évoquer une perte de contrôle, funéraire, funèbre, *Le Cri* de Munch. Par contre, tout le rituel lié à la mort ne l'effraie pas. L'idée d'accompagner le mort jusqu'à la fosse aurait même plutôt tendance à l'apaiser. Elle qui a horreur des bestioles, n'est pas du tout dérangée par le fait qu'enterrée, elle sera dévorée par les vers. Elle préfère mille fois cela à l'idée et au mot de crémation, insupportables pour elle.

Hélène pense que les hypocondriaques sont plus nombreux de nos jours à cause de la disparition de la ritualisation de la mort, au bénéfice des discours et de la mise en scène de la beauté du corps.

Patrick, quarante-deux ans, est marié et a deux enfants. Lui aussi se souvient que, très jeune, il avait sans arrêt peur d'être malade. Il allait régulièrement chez le médecin, disait qu'il avait une boule dans la poitrine, et ressortait avec une ordonnance de vitamines. Depuis, cette peur, dont il n'a jamais essayé de trouver la cause, ne le quitte pas. Il a eu et continue d'alterner des périodes de crises hypocondriaques intenses et des périodes plus calmes. « Je suis fait comme cela et je ne m'en plains jamais, je n'en parle à personne et surtout pas à ma famille. Je ne suis pas exubérant ni théâtral dans mon hypocondrie. » Patrick est un grand anxieux, mais il s'interdit de le montrer. Il est chef d'entreprise et pense qu'il ne doit pas s'apitoyer sur son sort ni faire preuve de faiblesse.

Quand il a des nausées ou de la tachycardie, ou qu'il fait une hypoglycémie, il dit simplement : « Je dois aller chez le médecin faire quelques contrôles. » Il m'avoue cependant qu'au fond il y va pour vérifier que tout est en bon ordre par rapport aux symptômes qu'il éprouve. À sa demande, on lui prescrit des examens qu'il se fait faire et dont il attend toujours seul et très angoissé les résultats. Une fois rassuré, il se dit : « À la prochaine visite ! Aux prochains examens ! » pour un prochain besoin de réassurance qui ne saurait tarder, car Patrick éprouve souvent des symptômes bizarres sur lesquels il doit en permanence être rassuré. En revanche, il ne prend aucun médicament et surtout pas d'anxiolytique. Il prend toujours sur lui quand il commence à délirer sur la maladie. (Un jour, il a failli devenir fou à cause d'une poussée glandulaire sous le téton. Totalement paniqué, il a consulté un médecin pour vérifier qu'un sein, signe évident d'une tumeur, n'était pas en train de lui pousser.)

Parmi les lieux qu'il n'aime pas, Patrick cite surtout les files d'attente, propices, selon lui, aux crises d'hypocondrie.

D'où lui vient cette anxiété ? Patrick pense que sa mère ayant eu quatre enfants en cinq ans, ce qui correspond à un rythme pour le moins soutenu, il a probablement, en tant qu'aîné, été très sensible à un rôle inconscient de meneur responsable.

Patrick me dit que, depuis l'adolescence, il fréquente une à deux fois par an les hôpitaux pour des accidents idiots : brûlures, coupures, mais aussi traumatismes divers, fractures dues à des accidents de mobylette, de moto. Il connaît par cœur le fonctionnement d'un service des urgences et est toujours très attentif aux soins qui lui sont apportés et aux différents rituels de l'hôpital.

Il ne prend jamais de médicament, mais possède une imposante armoire à pharmacie qu'il destine à sa famille.

Patrick ne cherche pas à savoir s'il existe des hypocondriaques autour de lui. Il ne souffre pas de son hypocondrie. Cela ne le fait ni pleurer ni rire. Il accepte son état comme une fatalité.

Noémie, enfin, a trente-huit ans et est hypocondriaque depuis sa petite enfance. Elle est persuadée que son hypocondrie vient du milieu médical dans lequel elle est née. Elle a eu très tôt dans la tête les tableaux cliniques d'un grand nombre de maladies courantes ou rares comme l'acromégalie qui l'obsède. Elle n'est pas du tout anxieuse, mais régulièrement, comme ça, sans crise d'anxiété, elle se met soudainement à délirer sur les maladies et plus particulièrement les maladies rares sur lesquelles elle prend plaisir à fantasmer pour satisfaire son imagination. Tout cela l'inquiète, mais sans plus.

Elle éprouve parfois des souffrances physiques réelles dans certaines parties de son corps, mais sachant se raisonner elle attend environ un mois que cela passe, et si les souffrances perdurent elle en parle à son père, médecin, et elle consulte. En général, son inquiétude finit par disparaître et elle n'est donc pas obligée d'aller voir un médecin.

Une vie risquée

L'hypocondriaque vit les événements et les narre de telle sorte qu'il donne l'impression que, pour lui, l'aventure est au coin de la rue. Il lui arrive toujours quelque chose ! Tel est du moins le message qu'il tient à faire passer. Tout vient de sa manière de raconter et de la façon dont on l'écoute. Après coup, on dira : « Cela ne pouvait arriver qu'à lui. » On *l'imagine* bien dans la situation qu'il décrit. C'est un personnage dans le regard d'autrui. Il a conscience qu'on ne l'écoute pas de la même façon qu'un autre. Alors il se met au centre de la scène – et la comédie commence...Un midi, je suis attablé à une terrasse de café. Soudain, du bruit, une bousculade, un début de course. L'instant d'après, un policier se penche vers moi et m'annonce qu'ils viennent d'arrêter deux malfrats qui m'avaient volé ma sacoche. Je ne m'étais rendu compte de rien !

Le policier me dit qu'il doit emporter la sacoche pour l'inventorier. Je négocie de récupérer mon passeport, mon cahier de notes et mes médicaments. À ce moment, l'anxiété monte en moi et je ressens les premiers symptômes de la crise. Je fais un effort pour ne pas prendre tout de suite un anxiolytique. Je me contrôle. Parfait, ça marche cette fois. Pas besoin de médicament. Je n'en avais plus beaucoup, autant les garder pour plus tard.

Les policiers me laissent finir mon repas avant de m'emmener au commissariat faire ma déposition. Dans la voiture, nous discutons, ils m'expliquent les flagrants délits. Une sirène hurle derrière nous, je me retourne : rien – en fait, c'est la nôtre ! Dans le hall du commissariat, je vois une très jolie fille qui s'est fait taper dessus par un drogué, bon... ça ne me met pas à l'aise. J'ai envie de regarder son visage tuméfié et de ne pas le regarder. J'arrive à l'étage, mes deux lascars sont là, maladifs, les yeux creux, le regard brillant... Là-dessus débarquent trois pompiers pour une réanimation, un policier se précipite et leur ouvre une porte, j'entends des cris monstrueux, la porte est refermée, les cris me parviennent atténués, une sorte de râle répétitif... Apparemment, il s'agissait d'une crise d'épilepsie...

Il fallait que ça m'arrive – à moi ! Et vu comme je le raconte, on croit cela. En réalité, c'est arrivé en même temps à d'autres personnes : je n'étais pas seul dans ce commissariat.

Cerise sur le gâteau : une jeune policière enregistrait ma déposition, elle avait une... carte Vitale près de son ordinateur. Et moi je n'avais qu'une obsession : savoir si c'était la mienne, qui avait disparu de mon sac.

La vie de l'hypocondriaque n'est donc pas plus risquée que celle d'un autre. Il est vrai cependant qu'il aime tester les limites. Mais sans trop prendre de risques. Comme le poisson qui se balade dans la mer et qui d'un coup pense qu'il est allé trop loin et remonte à la surface. Objectivement, l'hypocondriaque flirte avec la mort, omniprésente chez lui. Cela lui fournit de petites montées d'adrénaline qui rendent les choses intenses, de la même manière que l'aventurier, sauf que l'un va se mettre physiquement en danger pour obtenir cette sensation, tandis que l'autre va simplement s'imaginer qu'il est en danger. Autrement dit, l'hypocondriaque est une sorte d'aventurier confortable. Il a le beurre et l'argent du beurre, l'adrénaline sans le danger.

En route !

Je voyage beaucoup. Par goût personnel et par obligation professionnelle. L'angoisse n'est pas toujours au rendez-vous. Par exemple, il ne s'est rien produit lorsque j'ai récemment emmené mes filles à New York ou que j'ai passé l'été avec elles dans le Sud-Ouest de la France. En revanche, j'ai connu de terribles crises d'hypocondrie en voyageant avec elles en Croatie ou au Maroc. Chaque jour, ou presque, je faisais un malaise. Pourquoi à l'étranger plus qu'en France ? Il est possible que je me sois senti coupable de les avoir placées dans un univers qui devait les désemparer, loin de leur centre de gravité, à savoir la proximité de leur mère (mes filles vivent chez moi, leur mère habite tout près).

Si je suis seul en déplacement, je deviens plus anxieux, je pense plus souvent à un grave problème de santé. Bien sûr, il y a les trois médicaments qui me calment : anxiolytique, antinauséeux et aspirine. Ils m'accompagnent partout, que je sois seul ou pas.

Fut un temps, avant de partir, je recopiais en trois ou quatre exemplaires les coordonnées de mon hôtel et je les laissais à tout le monde. Je téléphonais aussi sans arrêt pour vérifier que tout allait bien en mon absence. Tout était fait pour que l'on puisse me joindre où que je sois en cas de problème. Aujourd'hui, cela me préoccupe moins. Enfin, ce n'est pas tout à fait vrai. Récemment, je me trouvais en province. À une heure du matin, petit sursaut d'hypocondrie. J'ai ressenti le besoin d'appeler mes filles à la fois pour leur donner le nom de mon hôtel et pour vérifier qu'elles allaient bien.

L'hypocondrie, pensent certaines personnes, relève de la superstition. On exorciserait de cette manière sa peur de la mort. N'exagérons pas ! Cela dit, quelquefois j'ai tellement peur que je prononce mentalement des phrases pour empêcher qu'il arrive quelque chose, à moi ou à mes enfants, dans la journée. C'est obsessionnel. Je compte sur mes doigts, un à un, les membres de la famille, et pour chacun je me dis :

« Non, non, non, rien, rien, rien ! » Pour défier, conjurer le mauvais sort, repousser le mal, l'accident. Durant ces périodes, l'obsession de la mort gouverne tout...

Disparaître... Un jour, on ne se réveille pas. L'idée m'effraie. Pas simplement à cause du fait que je n'aurais pas assez, ou pas assez bien, vécu. Mais aussi à cause de ma famille. Que serait la vie de mes filles sans leur père, sans leur mère ? Quand on voit des êtres qui s'éveillent, on comprend que l'on est une sorte de tremplin entre leur vie et leur mort. Il faut donc être présent. Rester là, pour faire rideau, le plus longtemps possible.

Il m'est arrivé, avant de partir en déplacement, de laisser dans ma chambre, bien en évidence, des documents comportant les renseignements sur ma banque, mes emprunts, mon notaire, mon assurance décès-invalidité, ma sécurité sociale, ma mutuelle, l'assurance de l'appartement, assortis de petites notes résumant l'ensemble de ces renseignements et expliquant que s'il m'arrivait quelque chose, tout avait été prévu et que mes filles ne devaient pas s'inquiéter. Je notais également les numéros de téléphone des services du personnel des sociétés qui m'employaient pour qu'elles pensent avec leur mère à s'adresser à ces services en cas de nécessité. Tous ces renseignements étaient écrits à la va-vite, probablement pour oublier rapidement l'avoir fait.

Il m'arrive encore, de temps à autre, de rédiger de telles notes, et ce, même lorsque je ne voyage pas, pour m'assurer qu'elles ne se sentiront pas perdues si je venais à disparaître à la suite d'un accident médical ou autre. Chaque fois que je relis ces petites notes, je les trouve complètement incompréhensibles pour elles et mes proches, car écrites beaucoup trop vite. J'en refais alors d'autres, elles aussi incompréhensibles lorsqu'une nouvelle fois je les relis... C'est toujours la même chose, mais je me dis, en les gribouillant, que ces notes sont déchiffrables si l'on s'y met à plusieurs. Et tout cela parce que mes petits symptômes hypocondriaques remontent régulièrement à la surface lorsque, seul, ou avec des amis, ou avec mes filles, je dois m'absenter !

Si je pars à l'étranger, je vais voir mon médecin et je me fais prescrire deux boîtes de médicaments. Une dans ma valise, l'autre sur moi. Que je sois en France ou à l'étranger, à Paris ou en province, chez moi ou en vacances, je fais confiance aux médecins. Il me suffit qu'ils soient là. Leur présence me rassure. En vacances, je vérifie toujours que les propriétaires ont laissé en évidence la liste des pharmacies et médecins de garde. Pour diverses raisons, dont l'une est que je ne veux pas manquer d'anxiolytique. Ce médicament rassure toute personne qui souffre d'anxiété. Avec lui, en général, les signes de mort imminente disparaissent.

Il peut toujours arriver, et je reviendrai plus loin sur ce point, que l'on n'ait pas de médicament sur soi. Certains pharmaciens peuvent accepter de dépanner. Une pharmacienne n'a pas voulu. J'ai failli faire une crise avant de prendre l'avion ; actuellement, je n'ai plus qu'une petite appréhension ; mais partir sans anxiolytique, non ! Mon ex-femme m'en avait laissé un comprimé, mais cela ne suffisait pas. Donc, je vais voir la pharmacienne, qui me le refuse. Je lui dis : « Il y a six mois, j'ai fait une crise d'anxiété et vous m'en avez vendu sans ordonnance. » Elle dit : « Je ne peux pas. On va appeler votre médecin. » Elle s'exécute. Mais il n'est pas là. « J'en connais d'autres », dis-je. La pharmacienne trouve que je connais beaucoup de médecins. Je prends la carte de la pharmacie et je rentre, pour demander à l'un d'entre eux de la rappeler. J'appelle, l'assistant m'identifie et envoie une ordonnance par télécopie. Et enfin, mon « précieux » est à moi.

Le pharmacien est un personnage très important dans la vie de l'hypocondriaque. Trouver une bonne pharmacie, c'est un peu comme tomber sur un bon bistro de quartier. Dans l'ordre des lieux sécurisants, la pharmacie vient juste après le cabinet médical. On le comprend aisément. Dans le quartier où il habite comme dans celui où il travaille, mais aussi lorsqu'il voyage, en province ou à l'étranger, l'hypocondriaque est sensible à ce lieu. Pour ce qui me concerne, l'espace doit être accueillant, tout comme le personnel. Dès que j'entre dans la pharmacie, je note qui sont les pharmaciens, je les observe, je perçois dans leur regard le type de relation qu'ils entretiennent avec les autres membres du personnel, ainsi qu'avec la clientèle qu'ils sont en train de servir ou de conseiller. J'essaie ainsi de savoir s'ils pourront remplir le contrat psychologique que je veux passer avec eux.

Il m'est arrivé de fuir des pharmacies où je ne me sentais pas à l'aise. Je suis client régulier d'un établissement où le personnel est très accueillant, les regards sont sympathiques, les pharmaciens et leurs assistants, étudiants en pharmacie, sont de bon conseil, prenant le temps qu'il faut avec vous sans manifester de nervosité par rapport à la file de clients qui s'allonge. D'ailleurs, il est rare qu'on fasse trop longtemps la queue. (C'est très important. Les pharmacies où l'on attend des heures sont des lieux insupportables pour un hypocondriaque, qui ne s'y sent plus en sécurité.) Et puis on y trouve une multitude de produits parapharmaceutiques amusants, divers produits de soin, des brochures sur la peau, l'alimentation, un énorme choix de dentifrices et brosses à dents, de shampoings, de gadgets et autres produits de confort de santé comme les coussins antistress – une sorte de caverne d'Ali Baba ! Cela distrait le client et permet, éventuellement, de poser des questions sur l'efficacité de tel ou tel produit quand vient votre tour. « C'est à qui ? » Justement, c'est à vous. Finie la plaisanterie. On passe aux choses sérieuses. Place à la rencontre avec le pharmacien, lequel doit répondre à quelques critères.

Il ne doit pas avoir l'air faible ou timide.

Il ne doit pas dire : « Ça, je ne sais plus s'il m'en reste. »

Il ne doit pas avoir l'air triste.

Il doit être sympathique.

Il doit pouvoir rassurer si on lui pose une question tout en lui proposant une réponse plausible par rapport à certains symptômes.

Par exemple : « J'ai des vertiges en ce moment, on m'a dit que cela pouvait être dû à des microdéplacements des vertèbres cervicales. » Sa réponse devra être : « Oui, bien sûr, c'est fréquent. Vous êtes peut-être un peu fatigué ; à moins que ce soit tout simplement un bouchon de cérumen dans l'oreille. Ne vous inquiétez pas, ça va passer. » Et si j'ajoute : « Ce n'est pas un signe de tumeur au cerveau ? », il est bon qu'il parte d'un grand rire et dise : « C'est ça oui, mais vous rigolez ? vous voulez que j'appelle le Samu ? » En revanche, s'il répond : « Comment voulez-vous que je sache ? Ce n'est pas normal. Ils sont forts, vos vertiges ? Pas trop ? Je vous conseille tout de même d'aller voir votre médecin. » Ah bon ?

Il ne doit pas paraître perplexe, inquiet par rapport à l'évocation de certains symptômes.

Dans le cas où l'on n'a pas consulté depuis un certain temps et que l'on a besoin d'un médicament, il doit accepter de fournir un anxiolytique ou un antinauséeux sans ordonnance si on lui propose de laisser son identité et celle du médecin traitant, ou si on lui suggère d'appeler ce dernier. Là encore, il ne doit pas dire : « Allez consulter un médecin. »

Il ne doit manifester aucune inquiétude si vous êtes devant lui en crise d'anxiété avec pâleur, difficultés d'élocution, etc. Il doit agir comme un médecin, vous calmer (« Prenez votre anxiolytique en sublingual. Voulez-vous un verre d'eau ? »), vous proposer un espace de repos, si possible à l'abri du regard des autres clients. En aucun cas il ne doit dire : « Voulez-vous que j'appelle les pompiers ou un médecin ? » Cela signifierait qu'il n'est pas certain que votre état n'est pas grave, d'où, chez vous, une montée de l'anxiété.

Il doit être clair dans ses réponses et surtout ne pas dire n'importe quoi pour vous faire plaisir ou bien trop rire de vos questions. Il doit dédramatiser vos questions, mais donner des réponses plausibles.

De quoi se plaint-il ?

La souffrance de l'hypocondriaque n'est pas liée à une quelconque douleur physique. Les crises, même si elles se répètent régulièrement, ne sont pas douloureuses. De même, les symptômes. En revanche, la souffrance psychique est forte. Elle gît dans la sensation de mort imminente qui taraude l'hypocondriaque alors que, dans le même temps, il essaie de se persuader qu'il n'y a aucune raison de s'inquiéter. Ce sont des symptômes inquiétants, mais ce n'est pas de la douleur. En revanche, c'est proche de la souffrance parce que de penser en permanence à la mort se rapproche de la mélancolie, de l'anxiété du vide. C'est une façon de se poser des questions sur la vie. Je ne suis pas dépressif, mais il m'arrive, comme la plupart des gens, de déprimer et je pense que l'hypocondriaque accentue cela, ces questions sur la vie en général, le rapport aux autres, l'amour, etc.

C'est une souffrance, je ne dirais pas existentielle, mais pénible. Au début, je n'arrivais pas à la gérer parce que je n'en connaissais ni les tenants ni les aboutissants. J'étais perdu. Plus tard, j'ai appris comment les gens vivaient des crises d'anxiété, et j'ai compris que la voie de l'hypocondrie m'avait été ouverte. Aujourd'hui, il y a toujours une petite souffrance, parce que c'est fatiguant, mais elle est moins forte, elle est plus lisible. Plus théâtralisée. Elle fait rire les gens. C'est qu'elle fait partie d'un dispositif plus ou moins conscient de séduction. Je me sers de l'hypocondrie. Les autres voient en moi un personnage qui les amuse. Savoir cela me rassure. Je n'en fais donc pas trop. Si je suis avec des gens qui trouvent séduisante cette partie-là de ma personnalité, alors j'ai plaisir à jouer, à raconter mes histoires. Je n'ignore pas que cela peut irriter, mais je sais à quel moment m'arrêter, surtout lorsque je suis en présence de vrais malades, ou de personnes sans aucun humour, ou encore d'hypocondriaques qui n'osent pas avouer leur petite névrose.

J'ai employé le mot « théâtralisé ». Il y a effectivement du narcissisme chez l'hypocondriaque. Il a conscience d'être un personnage qui suscite de l'intérêt, parce qu'il est différent ou, plus exactement, particulier. Dans ces conditions, il se retrouve poussé dans ses excès. Mais au moment où survient la crise, tout cela disparaît, l'hypocondriaque quitte le jeu. C'est une rupture totale, il n'est plus du tout dans le même monde. Et il devient un poids pour son entourage.

Égocentrique, toujours à se plaindre... L'hypocondriaque sait très bien ce qu'il fait. Il ne se « plaint » pas à n'importe qui, mais auprès de gens dont il sait à l'avance (parce qu'il les connaît ou parce qu'il les perçoit comme pouvant l'entendre) qu'ils vont accepter son discours, voire s'en amuser. Ces gens-là, pressent-il, ne vont pas le rejeter. En ce sens, il est un peu manipulateur.

Une personne qui se plaint sans arrêt n'est pas forcément hypocondriaque. Le pire, pour un hypocondriaque, ce serait d'avoir un voisin de bureau tout le temps malade. J'ai l'impression que les personnes qui ne sont pas hypocondriaques ont quelque chose de cet ordre. Elles donnent des signes, n'arrêtent pas de se plaindre, ont mal ici, et là, et geignent... Moi, j'aurais tendance à ne pas faire preuve de bienveillance à leur égard. Alors que je serais plus tolérant vis-à-vis d'une personne hypocondriaque. C'est que la plainte de l'hypocondriaque est réglée en deux temps trois mouvements. Si on lui fait comprendre qu'il exagère, il passe à autre chose.

Certains signes font penser que telle personne sera bienveillante à l'égard d'un hypocondriaque. Ce sont des gens qui écoutent. Et ils aiment la vie. Ils aiment manger, rire, aller au ciné, lire, voir des expos, ils sont sensibles. Ils forment à mes yeux le noyau des « écouteurs ».

Ma véritable personnalité est essentiellement structurée par l'anxiété et l'hypocondrie. Les gens que j'aime bien mais qui n'écoutent pas ce discours, ce n'est pas un problème. Ceux qui se marrent, eh bien on se marre ensemble. J'ai des amis qui m'ont vu en crise, ils ne trouvent pas cela sympathique du tout. Ils me plaignent, et après on en rigole. Mais avec certains, ce n'est pas la peine de montrer cet angle-là. On ne peut pas, avec eux, être soi-même. Je le fais parfois, mais à faible dose. Disons qu'il n'y a pas de suite possible. Je peux rester moi-même par d'autres aspects, mais il est vrai que si je dois me concentrer sur le fait de ne pas trop laisser apparaître mon hypocondrie, ou pire, de devoir la cacher, cela me fatigue.

Quand on parle de l'hypocondrie sans être hypocondriaque, la première réaction est plutôt d'en rire. Pas de plaindre l'autre. Quand on me plaint, cela ne me fait pas grand-chose. Je ne cherche jamais à être plaint. Je n'ai pas besoin d'entendre que cela ne doit pas être facile à vivre tous les jours, de penser à la mort dès qu'on a un pet de travers...

Si un ami me voit faire une crise très forte et me dit après : « Je te plains, ça ne doit pas être drôle », je réponds que oui, effectivement, ce n'est pas drôle du tout. Il y a là une trace de l'importance de la crise. L'autre me dit : « Je suis témoin. Tu ne simules pas. » Il ne sait pas ce qui se passe à l'intérieur de moi, mais il voit le résultat. Encore une fois, je ne cherche pas à me faire plaindre. Mais l'être, même légèrement, signifie que je ne suis pas un malade imaginaire : tout cela est donc vrai.

Du bon usage du médecin

Au détour d'une conversation, j'évoque la figure de l'hypocondriaque avec mon interlocuteur, un médecin, qui s'exclame aussitôt : « Ne m'en parle pas, l'hypocondriaque est un emmerdeur ! C'est épouvantable !

– Pourquoi épouvantable ?

– Il a un côté sympa, c'est vrai, mais il est fatiguant, il te pompe de l'énergie, et puis il arrive à te faire douter. Certains sont très forts à ce petit jeu ! Parfois, ils te font tellement douter que tu n'oses pas leur dire que tu te poses telle ou telle question à leur sujet. Tu te dis : Est-ce que je ne suis pas en train de laisser échapper quelque chose, est-ce que je ne mets pas le doigt sur un truc ? Apparemment non, mais c'est désemparant, parce qu'on les place en situation d'arrêter l'investigation. »

Face au médecin, c'est moi qui construis le discours. « C'est de l'anxiété, et ça se traite comme cela. J'ai vu un spécialiste qui a confirmé que j'avais bien ce que j'avais. » Le sceau du spécialiste... Et si l'interlocuteur semble ne pas comprendre, je le sens immédiatement. S'il me dit : « Écoutez, vous n'êtes pas médecin, laissez-moi faire mon travail », cela m'angoisse et je vais en consulter un autre.

À côté de chez moi, il y a deux médecins. Ils me connaissent... Ils sont très directs : crise d'anxiété, disent-ils. Ils ne font pas de psychologie, ne posent pas beaucoup de questions, disent simplement que c'est embêtant de vivre avec cela et reproduisent les ordonnances d'anxiolytique, seul médicament capable de calmer la crise lorsqu'elle survient. Ce type de relation au médecin me satisfait pleinement.

Aux yeux de l'hypocondriaque, le médecin se doit d'adhérer au discours qui lui est tenu. Il veut être entendu, c'est un point crucial, et que l'on comprenne qu'il éprouve de l'anxiété à l'idée d'avoir un problème médical grave. Et il faut qu'il éprouve la disparition de ses symptômes tout en continuant d'en parler. Être entendu le réconforte : on lui dit que c'est de l'anxiété et surtout qu'il n'y a pas de problème.

Jamais ne l'effleure alors que ce pourrait être autre chose que de l'anxiété. Si tel était le cas, pense l'hypocondriaque, il ressentirait d'autres symptômes que ceux pour lesquels il est venu consulter. Car ces symptômes-là, il les connaît par cœur, jusque dans leurs plus petites nuances. Ce sont ses symptômes à lui.

Et que le médecin ne s'avise pas d'aller chercher autre chose ! J'ai des sueurs froides et envie de partir en courant. Cela m'est déjà arrivé, en province, loin de mes médecins habituels, un jour où – catastrophe ! – j'avais perdu mes ordonnances. Voilà pourquoi, avant tout départ, je vérifie plutôt quatre fois de suite que j'ai bien mon « attirail » médical. Le nombre de caleçons ou de chemises, les passeports ou les billets d'avion m'importent moins, à ce moment-là, que les médicaments. Une boîte d'anxiolytiques sur moi et une autre dans le sac de voyage que je prends en cabine. Je ne mets pour ainsi dire jamais mes bagages en soute – je voyage toujours... léger.

Plus cela *pourrait* être grave, mieux c'est !

Je viens de l'apprendre : le cancer de la fosse nasale existe ! Peut-être faut-il que je le rajoute à la liste... On peut imaginer une maladie pour chaque partie du corps. Mais on ne vérifie pas tout, il y a tant de choses à faire contrôler. Je me dis : « Tiens, je vais *éventuellement* faire contrôler cela », parce que je n'imagine pas courir alors un grand risque qu'on me trouve quelque chose de grave. Si le nerf sciatique me fait souffrir, c'est parce qu'il est compressé quelque part dans les lombaires. Ce n'est pas une catastrophe. Si je me tords la cheville, j'ai très mal, je vais faire une radiographie parce que je sais qu'il y a de fortes chances qu'il s'agisse d'une entorse.

La peur ne s'installe que dans le flou. Dans les interstices du savoir. Là, justement, où l'on ne sait pas trop. Une douleur, un nez qui saigne, rien de grave *a priori*, sauf que je vais maintenant penser à l'hypothèse du cancer des fosses nasales si l'on me prescrit une radio. Je vais grapiller quelques informations sur cette maladie. Juste pour voir de quoi il s'agit. Puis j'apprendrai que l'on peut avoir un cancer d'une partie plus vitale du corps, et j'irai fouiller de façon plus approfondie. Par exemple, j'ai appris que les cancers de la langue et de la mâchoire étaient fulgurants. J'ai déjà eu des bobos, des aphtes, j'ai bien regardé, j'ai montré à mon médecin : rien à voir avec le cancer de la langue. Et la mâchoire, c'est pareil. On vous opère, et vous êtes défiguré. Je vous passe les descriptions... Mais les fosses nasales, je ne sais pas. Du moins, pas encore.

Certaines pathologies sont plus que d'autres susceptibles d'inquiéter un hypocondriaque. Pas les bénignes, bien sûr, ni les très graves ou les très rares, mais les gravissimes. En un sens, plus cela *pourrait* être grave, mieux c'est ! Parce que plus c'est grave, plus on se rapproche de la disparition possible. Ce sont les degrés de gravité qui donnent toute sa force à la crise. Et l'hypocondriaque les apprécie en fonction des informations qu'il a glanées.

Certes, il paraît que l'on peut mourir d'un mauvais rhume (rassurez-moi, c'est faux, n'est-ce pas ?), mais je n'y pense pas trop. Par contre, le cancer fulgurant, quand ça me traverse l'esprit... Les symptômes récurrents, douleurs cervico-brachiales, maux de ventre, etc., m'inquiètent. J'essaie de voir s'ils ne sont pas les symptômes d'un cancer en développement. J'ai parlé avec un ami de son cancer de la prostate. Il y avait eu des symptômes. Je l'ai interrogé. Il avait eu du mal à uriner. J'ai pensé : « Pas moi, mais parfois je me lève au milieu de la nuit pour aller aux toilettes. » Peu importe, ça arrive à tout le monde. Je lui ai demandé des précisions, cela m'a rassuré : je n'avais pas ces symptômes. Mais... Mais ce qui m'a ennuyé, c'est qu'ils n'étaient pas nombreux ! J'aurais préféré qu'il y en ait plus. Pour les vérifier. Cet ami a eu de la chance. Il n'est pas du tout hypocondriaque. Il a fait tous les examens prescrits. S'il ne les avait pas faits, c'était les métastases assurées, et la mort. Aujourd'hui, il est en vie.

Je me dis souvent que pour des symptômes de ce genre, j'irais vérifier. De toute façon, il n'y a pas de loi, et puis on ressent fortement l'urgence de faire une vérification quand celle-ci est nécessaire. Cela m'est arrivé une fois, avec ma pneumonie.

Certes, j'ai mis plusieurs mois avant de faire la radio de contrôle. Je n'avais plus mal, j'étais juste essoufflé ; je me disais que je ferais ce contrôle lorsque l'essoufflement aurait cessé. Bon, je l'ai faite, cette radio ! Mais par quelles affres suis-je passé !

Des maladies, il en existe des milliers et des milliers. Cela fait une bonne raison de ne pas tout contrôler. Mais il y a des examens essentiels. Cela fait trois ans que je m'en fais prescrire sans les faire. Lorsque je suis chez le médecin, on parle de la gravité des choses. L'hypocondriaque est en demande d'examen, il faut qu'il justifie sa présence chez le médecin. Il dit qu'il faut vérifier, par exemple, son cholestérol, parce que cela fait des années qu'il y pense. Moi, le cholestérol, je repousse, même si je sais que cela peut générer des maladies cardiaques. Cela ne m'angoisse pas trop, juste un petit peu. En revanche, pour mon oreille interne, le médecin a rajouté des analyses du style triglycéride, gamma GT, etc. Et ça, c'est le foie. J'aime bien les bons repas. Je suis donc passé de l'oreille interne au foie. Puis j'ai pensé que je me sentais en pleine forme. Or, si j'étais malade du foie, je serais très fatigué. J'ai déchiré l'ordonnance.

Je vais chez le médecin pour me faire prescrire les examens pour lesquels je perçois que j'ai peu de risques. Et s'il me parle de bilan hépatique, je dis : la prochaine fois... Je repousse... mais en même temps, je me fais tâter le foie, l'estomac, pour m'assurer que tout va bien. On m'a dit : quand tu rotes, tu mets la main sous la fosse, et si ça fait mal, c'est un truc au foie. Je demande au médecin si, en cas de douleur lors de la palpation, c'est encore récupérable. Il me dit oui. Bon, je n'en suis pas encore là. Ces examens pourront attendre.

Si le médecin me disait précisément et avec force qu'il me faut faire tel ou tel examen, aïe ! je file voir un autre médecin. Si le deuxième médecin me dit la même chose, et que je le connais bien, alors oui. Quand il faut y aller... Parce qu'il me trouble, ce médecin, il arrête le jeu. Il y a, répétons-le, tout un jeu dans l'hypocondrie. Et c'est le regard de l'autre qui fait prendre conscience de cette dimension ludique.

Le médecin a prise sur moi. Il y a rupture, c'est inacceptable, je souffre... Quand je dis : « On ne rigole plus », c'est que je sens un péril. Je panique, je ne vais pas bien. Comme pour ma pneumonie. Ce médecin ne me connaissait pas, il m'a parlé comme à un objet, mais j'ai vu dans son regard qu'il fallait absolument voir le médecin. Je l'ai fait.

Je peux me retrouver devant un médecin qui doute moins que moi. Il me dit : « Vous faites cet examen. » Il n'y a plus de jeu. Je suis face à la probabilité que j'aie quelque chose. C'est le début du moment où le médecin peut avoir prise sur moi, renverse le rapport de force que j'ai établi. Tant que je ne fais pas l'examen, il y a un petit doute. Je peux encore laisser libre cours à l'anxiété. Mais s'il est avéré que j'ai réellement quelque chose, comme avec la pneumonie, alors je ne suis plus dans l'hypocondrie, je suis malade.

Je suis malade, mais j'ai peur que ma maladie se transforme en autre chose. Ma pneumonie, en cancer des poumons. J'ai peur que ce soit plus grave que ce qui a été constaté. Lorsque j'ai appris que mes taux restaient mauvais malgré le nouveau médicament, j'ai paniqué. Et puis ça s'est régularisé. Cela dit, quand les douleurs sont très fortes, qu'il y a des signes manifestes d'une affection, on les perçoit différemment. C'est difficile à expliquer : quelque chose en soi fait que l'on vérifie, on *sent* que les symptômes ne sont pas les mêmes que d'habitude. En réalité, ce sont les mêmes symptômes, mais ils ne sont pas perçus de la même façon. Donc, on fait le contrôle. Pour, en l'occurrence, vérifier s'il y a quelque chose aux poumons, parce qu'un médecin en qui j'ai confiance a trouvé un râle. Mais quand j'ai compris que j'avais une pneumonie, cela n'a pas empêché l'hypocondrie de continuer de travailler en moi pour me faire imaginer que cette pneumonie était peut-être le signe d'un cancer à venir ou de je ne sais quelle autre cochonnerie.

Se maintenir dans l'incertitude est une sorte de jeu pour l'hypocondriaque. Il évolue sur une frontière. Je dois tenir les deux battants de la porte en même temps. Et rester debout. Comme un équilibriste. Il me faut cette petite incertitude. Pas trop forte. De « normal » à « malade ». J'oscille en permanence entre ces deux états. Si je penche vers la maladie, je me rassure en me disant que je suis normal. Mais comme je ne peux pas être normal, je me mets à pencher dans l'autre sens.

D'un autre côté, j'ai ces symptômes depuis tellement longtemps que je me dis que si je devais avoir quelque chose de grave, ce serait déjà arrivé. À chaque crise, l'hypocondriaque a l'impression que la catastrophe va se produire. Même si, l'expérience aidant, il sait, avec une quasi-certitude, que rien de ce qu'il craint n'arrivera, il fait auprès du corps médical une demande d'« assurance ». Les deux se rencontrent et moi, au milieu, je suis satisfait. Pour que je suive les prescriptions, il faudrait qu'un médecin me dise : « Attention, ce que vous me décrivez là n'a plus rien à voir avec de l'anxiété. Vous avez impérativement quelque chose à vérifier. » Là, j'aurais peur, mais je suivrais son conseil. Comme dans le cas de la pneumopathie : le médecin me dit qu'il y a un problème manifeste, on vérifie et j'ai une pneumopathie. C'est du concret. J'ai eu des calculs rénaux. J'avais du sang dans mes urines. C'était un vrai signe, et cela faisait très mal. Il fallait donc réagir. Ce que j'ai fait en passant l'examen qui m'avait été prescrit. Résultat : confirmation de la présence d'un calcul. Ce n'était pas vraiment une surprise : les symptômes ressemblaient à ceux que je connaissais déjà. Je savais donc, avec un risque d'erreur infime, que c'était cela.

La logique de l'hypocondrie, c'est la logique du pire. Avec cette logique-là, finalement, la seule manière de cesser d'être hypocondriaque, c'est d'avoir *réellement* le pire qu'on puisse imaginer. Et ce pire-là, c'est la mort. Merci bien ! Tant que je suis en vie, je suis hypocondriaque. C'est un principe. À existe parce que B existe et est en rapport avec A. Ma vie prend corps à partir du moment où l'hypocondrie existe.

C'est elle que j'ai choisie pour construire mon identité. J'aurais pu trouver autre chose. Pourtant, c'est ainsi, j'ai l'hypocondrie, qui « pompe », mais aussi fait rire. On a vu qu'il y avait plusieurs façons de maintenir l'hypocondrie tout en la repoussant parce qu'elle était gênante. La repousser, mais pas la faire disparaître. Car si l'hypocondrie disparaissait, je ne serais plus moi-même.

Manquer de médicaments

C'était un voyage professionnel. On était à Philadelphie. Le voyage avait été fatiguant (décalage horaire, grève de la société de restauration en vol, donc rien à manger dans l'avion à part un misérable sandwich). On avait pas mal bu. J'ai fait en arrivant une petite crise de panique. J'avais mal au crâne et des nausées. Il m'a fallu une pharmacie. Là. Tout de suite. Les pharmacies font partie du quotidien de l'hypocondriaque. L'autre jour, c'était le début du week-end, je me suis rendu compte qu'il ne me restait qu'un seul comprimé d'anxiolytique. J'ai voulu *anticiper* une possible crise. Je suis allé à la pharmacie de garde me faire dépanner de quelques comprimés. La pharmacienne a refusé sous prétexte que je n'étais pas en crise. Mais parfois je suis liquéfié parce que je n'ai pas mon anxiolytique, je fais une crise, je trouve la première pharmacie venue, j'y entre presque en syncope, la mâchoire raide, et je demande mon médicament. Là, ils n'hésitent pas.

Il suffit que l'absence possible de médicament me traverse l'esprit, que je me dise : « Je n'en ai pas », et c'est l'horreur. Je sens la crise arriver, je la *sens*. Impossible de me contrôler. En général, dans ces moments-là, il faut, pour se calmer, respirer différemment, dans ses mains, bref : ventiler, s'oxygéner... Mais avec moi, cela ne fonctionne pas ! J'ai toujours en tête le grave événement qui est en train de m'arriver et je ne parviens pas à me concentrer sur ma respiration.

J'essaie parfois de me raisonner. J'ai déjà réussi à calmer de petites crises, tout doucement, en respirant et en tournant autour de mon bureau, comme dans une sorte de rituel. Ou bien, si je me trouve dans la rue ou dans les transports en commun, je me concentre sur le fait que je suis obligatoirement en train de faire un début de crise d'anxiété et parfois cela suffit à me calmer. Là, le médicament ne me manque pas trop. Je fais néanmoins de gros efforts pour éviter une aggravation. Il m'arrive de passer trois semaines sans crise. Si je n'ai plus d'anxiolytique, j'essaie de me débrouiller : je vais chez le pharmacien ou chez le médecin pour avoir une ordonnance ou, si je me trouve avec d'autres personnes, je demande si l'une d'entre elles n'a pas un anxiolytique. Je me dis qu'en cas de crise grave, je pourrai toujours aller dans une des pharmacies de mon quartier, où je suis connu. Mais lorsqu'elles sont fermées le dimanche, je suis obligé d'aller à la pharmacie de garde et je suis bien embêté, ils ne veulent pas m'en donner. Alors je peux me rabattre sur mon ex-femme, qui en a souvent. C'est une grande anxiété que de ne pas avoir de médicament. Lorsqu'on me tend enfin la boîte de médicaments, c'est absolument jouissif, je me dis que je ne vais pas faire de crise pendant toute une année !

Oublier son médicament, c'est baisser la garde. On est toujours aux aguets, tendu. On pense au médicament. Et parfois, parce que cela va mieux un moment, on baisse la garde. Et là, paf ! J'y pense tout le temps : aller voir le médecin pour une nouvelle ordonnance, aller dans une pharmacie où on me connaît, parce que ça ne peut pas durer : la crise va survenir un dimanche et... c'est devenu indispensable pour vivre, une drogue. Ce n'est pas seulement sa prise, mais le fait d'en avoir avec soi. J'ai voulu faire un sevrage une fois. Je prenais un anxiolytique à cause d'insomnies. J'avais progressivement diminué le dosage et, comme je dormais bien (évidemment...), je m'étais dit que ce n'était plus nécessaire d'en prendre. Cela a été catastrophique. J'ai eu des crises d'enfer, prostré toute la journée sur mon canapé, avec sueurs froides, crampes, douleurs articulaires, troubles digestifs, migraine, l'impression de faire une longue crise permanente, même après reprise quotidienne du médicament. Plus jamais ça !

À deux ou trois exceptions près, tous les hypocondriaques que je connais prennent des anxiolytiques. Cette substance chimique, dont on sent rapidement les effets bienfaiteurs au moment d'une crise d'hypocondrie, possède une qualité essentielle : elle ne fait pas disparaître l'hypocondrie...

La peur de manquer de médicament, alors que l'on craint en permanence d'attraper une maladie, devrait être à l'origine d'une armoire à pharmacie bourrée à craquer. En fait, il n'y a pas de règle. Certains hypocondriaques possèdent effectivement une armoire à pharmacie qui déborde de médicaments, et d'autres, comme moi, en ont une vide ou quasiment vide parce qu'ils ne veulent avoir chez eux aucun indice de la maladie. Avoir des médicaments sous les yeux, cela ne peut qu'encourager l'hypocondrie : le médicament étant fait pour soigner, si j'en ai plein, c'est donc que je suis malade. Et ne pas en avoir signifie que je suis en bonne santé...

Cela dit, la plupart des hypocondriaques ont le « minimum vital » à portée de main : leur anxiolytique, ainsi que divers médicaments nécessaires à la résorption des symptômes de leurs crises d'anxiété – contre les nausées, contre le mal de tête, contre les maux d'estomac et les diarrhées, éventuellement un antidépresseur. Par exemple, chez moi, on trouvera seulement un antiseptique, de l'aspirine, du motilium, du spasfon, du gaviscon, du paracétamol et l'anxiolytique. Bien entendu, si vous possédez tout cela dans votre armoire à pharmacie, cela ne signifie pas que vous êtes hypocondriaque, mais il est vrai aussi, comme je viens de le dire, que la majorité des hypocondriaques aura ces médicaments-là.

Posséder une énorme armoire à pharmacie n'est de toute manière pas spécifique à l'hypocondriaque. Cela concerne de nombreuses autres personnes. D'un côté, c'est rassurant. Ainsi, un dimanche, j'ai eu des nausées. J'ai téléphoné à une amie, elle m'a conseillé de prendre un certain médicament. Je n'en avais plus, elle m'en a proposé, cela m'a rassuré. Je savais désormais que je pouvais parer à une défaillance. D'un autre côté, une armoire à pharmacie pleine de médicaments, s'ils sont pour la plupart périmés, effraiera tout hypocondriaque normalement constitué.

Zinzin

Je me demande s'il existe, à côté de l'hypocondrie du corps, une hypocondrie de l'esprit, celle d'hypocondriaques se croyant atteints d'une pathologie psychique. Je n'exclus pas de faire aussi partie de cette deuxième catégorie, même sur un mode mineur... qui n'attendrait que l'occasion de se développer.

Régulièrement, on l'a vu, j'écris à destination de mes enfants des petits mots qui rappellent l'état de mes comptes en banque, mutuelles, etc. Je précise bien qu'ils n'auront rien à rembourser au cas où il m'arriverait quelque chose. Je n'écris pas « au cas où je viendrais à disparaître », car cela m'angoisserait, mais « au cas où je deviendrais zinzin ». Zinzin est le terme qui me vient quand je ne veux pas dire « mort » ou « disparition ».

L'idée de devenir réellement zinzin, c'est-à-dire de souffrir psychiquement, m'a déjà traversé l'esprit. Mais elle m'inquiète moins. Enfin, un peu moins. On n'a plus conscience de son état lorsqu'on est complètement zinzin. Certes, c'est aussi une forme de disparition – par rapport à soi-même et à la société. Mais on ne meurt pas physiquement, on reste là.

La dépression, par exemple, me fait peur, car j'ai de temps en temps, brièvement, d'ailleurs comme tout le monde, des moments de déprime. Je sais quels sont les critères objectifs pour la reconnaître, mais ni plus ni moins que d'autres maladies ou malaises (attaque cardiaque ou cérébrale, certains cancers, méningites, pneumonie, coliques néphrétiques) dont j'ai entendu parler.

Qu'est-ce qui m'inquiète dans la dépression ? La crainte hypocondriaque, au niveau physique, relève du palpable. Même un cancer, invisible, se développe et laisse une trace (mais à ce moment-là, il est souvent déjà trop tard). On peut toujours tenter d'intervenir, il y a un moyen de contrôle. Avec l'hypocondrie psychique, ce n'est pas l'idée de disparaître physiquement qui est effrayante, mais l'idée que la dépression est un plongeon, un gouffre, la disparition de l'intensité de la vie. Même si l'on a moins de risques d'y passer, on entre dans la disparition de manière subversive. J'ai déjà eu – rarement – des symptômes dépressifs. J'allais tellement mal, je n'arrivais tellement pas à me percevoir comme entité, comme totalité, que c'en était épouvantable. La dépression, donc, n'est pas palpable, c'est un concept que l'on ressent fortement dans l'âme. Et cela fait peur de souffrir là.

La peur de disparaître reste essentiellement liée chez l'hypocondriaque à quelque chose de physique. Mais que se passerait-il, comment ferait mon esprit à partir du moment où je ne pourrais plus avoir peur de disparaître ? Si je ne pouvais plus penser, élaborer cette peur de disparaître liée au corps ?

Les mots à ne pas dire

Il y a des gens qui, pour s'amuser, me disent : « Tu n'as pas l'air d'aller bien », ou : « Tu es sur le point de mourir, ou quoi ? » ou encore : « Si tu as mal au pied, c'est que tu as peut-être un problème au foie. » Je leur demande de retirer immédiatement leurs paroles. S'ils ne le font pas, je m'énerve. Ce sont des gamineries, mais je me sens mieux si la phrase est retirée.

L'hypocondriaque, dans ce cas, semble pris à son propre jeu. Comme si, finalement, lui seul – ou l'un de ses « confrères » – avait le droit de faire de l'humour sur sa propre hypocondrie. En réalité, tout est permis, tant que cela reste léger, en surface, à mille lieues de l'idée de mort. Les hypocondriaques acceptent d'être titillés, voire taquinés, mais il faut y mettre les formes, il faut qu'ils puissent rebondir par une théâtralisation. On ne peut donc pas tout leur dire.

Quand le mal est fait, quand les mots sont lâchés, l'hypocondriaque veut en reparler pour arriver à une réassurance : c'était une blague, hein ? Alors seulement le danger recule, l'inquiétude disparaît.

L'hypocondriaque choisit ses mots. Il y en a qu'il refuse de dire ou d'écrire. Parce que ces mots-là portent la poisse. S'il lui faut les employer, il utilisera un substitut. Par exemple, « zinzin » à la place de « mort ». C'est vraiment un mot effrayant. J'ai peur quand j'écoute *La Jeune Fille et la Mort* de Schubert ou les *Kindertötenlieder* de Mahler. Un livre sur les cimetières ou le deuil, même génial, va m'angoisser. De même, je ne suis pas allé voir un film comme *Parle avec elle*, de Pedro Almodovar, parce qu'il y est question d'une personne plongée dans le coma à la suite d'un accident...

LES MOTS QU'IL NE FAUT PAS ME DIRE

Fais attention à toi
Requiem
Décéder
Mauvaise mine
Sale mine
Tumeur
Kyste
Anévrisme
Cancer
Anorexie
Bilan
Diagnostic
Scanner
Fatigue
Pompes funèbres
Hubert de Borniol
État stationnaire
Sois prudent
Saisie
Lettre recommandée
Cercueil
Mort subite
Mise en bière
C'est curieux
Autopsie
Urgent
Linceul

Examen
Il faut consulter votre médecin
Check-up
Noyade
Grands brûlés
Suicide
Alerte
Accident de voyageur
C'est foutu
Pâle
Malaise
Grave
L'air fatigué
Épuisé
Visite médicale du travail (je repousse toujours ce rendez-vous, car il ne concerne pas mon médecin traitant et je redoute des questions inhabituelles)
Assurance-vie
Placement
Échographie
Je ne suis pas bien
État critique
Incurable
Morgue
Quai de la Rapée
Dépressif
Je me sens mal dans ma peau (surtout si c'est un enfant qui le dit)

Les annonces décès dans la presse (je tourne très vite la page en question, quoiqu'il m'arrive de lire certains faire-part pour connaître l'âge du défunt).

Cela dit, j'aime les termes de mélancolie, tristesse, anxiété, chagrin, mémoire...

« Tu as mauvaise mine »

Quand on pense « hypocondrie », on imagine quelqu'un qui passe son temps à s'ausculter devant la glace. Ce n'est pas faux. L'hypocondriaque est, comme je l'ai déjà dit, plutôt narcissique.

Si je passe devant une glace et que je suis en forme, je m'arrête et me regarde. Sinon, je presse le pas, je disparais. Il n'est pas question que je me voie si je me trouve gros, ou si mes cheveux ne me plaisent pas, ou si je suis fatigué, ou si j'ai mauvaise mine. Je ne veux pas d'une image de moi qui ne me satisfasse pas. Dans ces conditions, j'essaie d'améliorer mon image, je me fais un shampoing, je me coupe un peu les cheveux, je change de vêtements.

Parfois, je jette tout de même un coup d'œil au miroir et je me trouve encore moins bien que prévu. Cela peut déclencher des symptômes, par exemple de la tachycardie. Suis-je donc malade, me dis-je, pour ne pas paraître au mieux de ma forme ? Et je me mets à m'ausculter...

Si je croise quelqu'un et que cette personne me dit : « Tiens, tu as un bouton », ce n'est pas grave. Je peux toujours vérifier. Mais mauvaise mine, fatigué, pâle, les yeux cernés... je n'aime pas. Même un œil rouge, je n'aime pas, alors que ce n'est rien – quoique... Et pourquoi donc ai-je des vaisseaux éclatés dans les yeux ?

Il ne faut rien me dire de vague. Avoir un bouton, c'est précis, mais avoir mauvaise mine... Si l'on me parle ainsi, je suis capable de m'effondrer sur place. Dans ces moments-là, il vaut mieux que je puisse très vite m'isoler pour vérifier. Souvent, l'accès au lieu de vérification est aisé : au restaurant, chez moi, chez des amis, au bureau, même dans le train ou en avion. Le problème se pose ailleurs, quand je me trouve dans un magasin, dans la rue, ou dans les transports en commun. Donc, la pire chose à faire à un hypocondriaque, c'est de le coincer dans un lieu public et de lui dire : « Tu as mauvaise mine. » L'horreur ! N'oublions pas que, pour lui, si on le lui fait remarquer, c'est que cela doit être vrai...

On pourrait croire que l'hypocondriaque résiste mieux à ce genre de propos lorsqu'il se sent en forme. Eh bien, non ! C'est même pire. Quand on ne se sent pas dans son assiette, on se dit : « Oui, je sais, j'ai mauvaise mine. » On est inquiet, mais en un sens on sait bien que cela n'est pas faux. En revanche, si l'on n'avait rien perçu parce qu'on se sentait plutôt bien ce jour-là, c'est la catastrophe : on devient très, très inquiet. Et si, en plus, on se trouve dans un lieu public, sans possibilité d'aller vérifier la véracité de ce qu'on vient de nous dire...

La seule solution, alors, passe par le regard de l'autre. Je vais demander à une tierce personne de vérifier à ma place. Je demande : « On m'a dit à midi que j'avais l'air très fatigué », et j'attends que l'on me réponde : « Pas du tout. » Évidemment, je choisis la personne à qui je demande une confirmation. J'attends d'elle le discours que je veux entendre. En général, donc, cette personne ne m'est pas inconnue. C'est pour cela qu'elle va ajouter à sa réponse une petite phrase rassurante : « Il fait mauvais temps, tout le monde est un peu fatigué en ce moment, ce n'est rien, ça se voit à peine... » Je me calme. Et ces propos me rassurent aussi parce qu'ils émanent d'une personne bienveillante, dont je pense qu'elle me dit la vérité. Son regard, le ton de sa voix ne mentent pas.

On l'a vu, je vais employer un superlatif. Est-ce que j'ai l'air très fatigué ? Si je n'emploie pas ce superlatif, si je demande seulement : ai-je l'air fatigué ? on me répondra simplement : non. Impossible de se rassurer dans ces conditions. Il faut donc dire « très ». Car cela seul engendre une réponse superlative : pas du tout.

Moi, je suis toujours rassurant quand on me pose ce genre de question, même auprès de gens qui ne sont pas hypocondriaques. Je ne dis pas forcément toute la vérité, j'ai même tendance à atténuer celle-ci. De sorte que, malheureusement, j'ai parfaitement conscience que les autres peuvent faire la même chose avec moi. Leur réponse peut très bien ne pas refléter la réalité. Mais c'est mieux que rien. Sans cela, d'autres symptômes pointeraient leur nez, et ce serait le début de la crise...

Face à un hypocondriaque en crise, restez calme !

L'hypocondriaque est très sensible à tous les signaux – verbaux ou non verbaux – qui témoigneraient d'un début d'anxiété. Cette inquiétude chez l'autre, il la guette tout en la redoutant.

Il ne faut pas trop chercher à me calmer, il faut répondre à mes demandes (un verre d'eau) et lorsque j'ai des signes de « réassurance », j'en redemande. J'attends donc que l'on me dise : « Ah, tu as repris des couleurs, tu n'avais pas l'air terrible mais on voit bien que ça va mieux... » Et ainsi je remets le pied dans la vie normale, je sors de la crise. Mais si on te dit : « Tu n'étais pas terrible, tu étais blanc », je m'en « sers » pour replonger dans la crise (« J'étais blanc ? Comment ça, blanc ? »).

À une époque, je pouvais avoir une crise par jour. Puis ce fut plusieurs fois par semaine. Puis quelques fois par mois. Et actuellement, une petite crise par mois et une grosse tous les trois ou quatre mois. L'anxiolytique, que je prends à très faible dose maintenant, y est peut-être pour quelque chose. Néanmoins, cela ne m'empêche pas d'avoir quasi quotidiennement des petits délires hypocondriaques plus ou moins longs. Il y a toujours un moment dans la journée où je pense être atteint d'une maladie quelconque, ou bien que je vais faire un malaise grave, bref qu'il va m'arriver quelque chose de grave, à moi ou aux miens, et ce même sans aucun signe physique, donc même lorsque je me sens en pleine forme.

Malgré la raréfaction des crises, je pense toujours à la mort, comme beaucoup de personnes je suppose, parfois pour des raisons métaphysiques, mais plus souvent subitement, en me mettant à imaginer différentes causes possibles d'une disparition. Cela donne lieu parfois à des scènes ridicules : je prends mon pouls, je me tâte le foie, je vérifie ma mine, je regarde le blanc de mes yeux à la recherche de vaisseaux éclatés, à nouveau le bas de la paupière pour vérifier que je ne suis pas anémié, surtout si je ressens un peu de fatigue, je m'assure que je n'ai pas un mélanome (une sorte de carte de la Corse nuancée de rose qui commencerait à apparaître dans le haut de mon dos, sur mes mollets, sur le visage), j'appuie sur mes intestins pour vérifier qu'il n'y aurait pas là une douleur quelconque, je regarde mon bras gauche pour vérifier qu'il n'y a pas une traînée blanche, surtout en cas de tachycardie, ce qui pourrait être le signe d'un infarctus m'a dit un jour un pharmacien, je vérifie d'autant plus cela si j'ai une douleur dans le bras en même temps que je contrôle si cette douleur n'est pas plutôt une tendinite, en appuyant sur mon coude et mon épaule, je vérifie également si je n'ai pas des ganglions sous les aisselles, sous le cou, ou bien encore les aines, je me palpe donc vite fait et je finis par en rire.

Sauf lorsque, pour une raison ou une autre, je décide de me focaliser sur une partie précise de mon corps. Là je deviens encore plus ridicule. Si j'ai un bouton sur la langue, je vérifie son évolution car je sais que le cancer de la langue est l'un des pires ! Je pense aussi à ma mâchoire et si j'y ressens une douleur quelconque, je navigue entre l'infarctus et le cancer de la mâchoire. Je vérifie de temps à autre si je n'ai pas de varices, si j'ai des picotements dans les doigts, je demande à plusieurs personnes (pharmaciens ou médecins) si ce n'est pas un signe avant-coureur d'un problème cardiaque, car pour ma grand-mère, je m'en souviens, on a dit qu'avant son attaque cardiaque elle avait eu de très forts picotements dans les doigts...

Bref je suis irrationnel. Je le sais, mais il ne m'est pas possible de faire autrement. Dire que cela « rythme » mes journées est un peu fort, mais c'est récurrent. Et vite occulté. Mais cela se produit souvent. Ce principe de mort gouverne l'ensemble et se rappelle à moi. Les jours de crise, c'est terrible. Une grosse crise, cela semble durer une éternité, mais en fait cela passe assez vite après la prise de l'anxiolytique. Mais c'est une énorme dépense d'énergie. Au début, on se dit qu'on ne va pas prendre le médicament tout de suite, mais au bout d'une demi-heure, on a le cœur qui accélère, on n'en peut plus, les symptômes de la crise s'annoncent... on prend son comprimé. Personnellement, je retarde un peu la prise pour essayer de m'habituer à gérer la crise sans chimie, mais quand on sent dès le départ que la crise forte ne pourra pas être contrôlée, on prend tout de suite le médicament, ce qui est le cas la plupart du temps. On en ressort épuisé. Mais on revit. On est content d'être vivant. En quelque sorte, l'hypocondriaque fait des crises pour se prouver qu'il est vivant.

S'il n'envoie pas de signaux, on se dit qu'il va très mal, qu'il se passe quelque chose d'anormal. Autrement dit, les signaux que l'hypocondriaque envoie à l'autre sur sa propre hypocondrie témoignent paradoxalement de sa bonne santé. Quand il ne va pas bien, il recherche la personne qui pourrait lui dire que ça va. Quand ça va, il va chercher quelqu'un pour lui dire qu'il ne va pas bien *provisoirement*. Il est à chaque fois l'inverse de ce qu'on s'imagine.

Mes filles comme mes amis et mes proches collaborateurs, je les rassure dès le départ en leur disant que je fais une de mes crises habituelles, je pense qu'ils ont pris l'habitude de mon comportement et ils me rassurent en me disant que ça va passer. Néanmoins pour les crises les plus fortes, en présence de mes filles ou de proches, parfois je sens, même s'ils me connaissent en crise, planer un léger doute dans leur esprit. Ce qui n'arrange pas la situation. En crise aiguë (celles qui ont du mal à disparaître rapidement après prise de l'anxiolytique, celles qui montent très haut en intensité et que l'on sent durer plus longtemps que les crises habituelles) en présence de mes filles, elles disent que je les inquiète, elles me regardent d'un air soucieux en me suppliant d'arrêter mais je n'y arrive pas, parfois elles me grondent tout en m'apportant un verre d'eau, elles me conseillent de prendre un second cachet, elles essaient de me raisonner, parfois elles pleurent et je fais un effort surhumain pour les calmer et quand ça ne passe pas assez vite je leur demande d'appeler SOS Médecins ou le Samu ou les pompiers, ce qui malheureusement les angoisse davantage ! Mais dès que le médecin est reparti tout semble oublié et elles me traitent gentiment de fou. À chaque grosse crise, j'ai vraiment conscience de leur faire peur. Cela me navre mais elles comprennent, disent-elles, ce particularisme.

Le pire, donc, c'est que l'entourage se laisse gagner par l'anxiété. J'en ai déjà vu être anxieux en me regardant. C'est terrible. Parce que cela augmente mon anxiété. Les gens que je connais me rassurent énormément. Quand l'hypocondriaque fait une crise, il ne faut pas qu'on lui parle, mais on doit lui faire comprendre qu'on voit qu'il fait une crise d'anxiété, que ça se manifeste de manière hypocondriaque, avec la multiplication des symptômes. Si quelqu'un d'autre veut appeler le médecin pour lui, il panique parce que là, à ses yeux, ça devient grave. Il ne faut pas que ce soit l'autre qui décide d'appeler de l'aide, sinon cela signifie que c'est effectivement grave. Il ne faut pas percevoir d'anxiété dans le regard de l'autre. Si quelqu'un manifeste son anxiété verbalement, aussi paradoxal que ce soit, je demande à l'entourage de le calmer. Cela peut même être dit avec violence.

L'hypocondriaque n'amorce pas la crise en général sauf si un symptôme bien particulier et fortement ressenti facilite le démarrage. Donc habituellement il la subit. Cela va si vite ! C'est comme une réaction en chaîne, chaque pensée en appelle mille autres et l'anxiété se met à monter. Mais à un moment, alors qu'il peut encore se mettre en situation d'éviter qu'elle ne se développe, l'hypocondriaque va préférer amplifier la crise. Il l'alimente. Il lui donne de la vigueur. Il la « booste ».

Tout part d'un noyau dur, inusable, toujours le même, au cœur duquel on trouve l'étouffement. Sentiment d'oppression, tachycardie, raideur dans la mâchoire, sueurs froides, pâleur... Ces symptômes se retrouvent à peu près chez tous les hypocondriaques. Lorsqu'on parle avec un autre hypocondriaque, on les retrouve. On se reconnaît ainsi. Et la sensation de mort imminente. C'est ce qu'il y a de plus fort. À côté de ce noyau, on trouve d'autres symptômes, qui changent avec le temps et l'âge : douleurs dorsales, plantaires, cervico-brachiales, migraines, etc. Qu'est-ce qui arrive en premier ? Vertige, mal-être physique, sensation de disparaître, tachycardie, forte chaleur dans le sternum, difficultés d'élocution. Le noyau en premier. S'il y en a un autre qui arrive en premier, c'est très rare, les symptômes du noyau vont prendre le relais tout de suite.

Quand la crise est lancée, seul l'hypocondriaque peut enrayer le mécanisme. Et encore... Parfois j'y arrive. Parfois, un nouveau symptôme apparaît, puis un autre prend le relais, et je me dis ça y est, je fais une crise, et tous les symptômes s'enchaînent. Le médicament s'impose alors.

Quand je prends un médicament, je lis très attentivement la notice. Depuis le jour où mon médecin m'a prescrit un nouveau médicament parce que je me sentais déprimé et que j'ai fait une mauvaise réaction. J'ai passé toute une journée sur mon canapé. J'étais prostré, le gouffre de la dépression, j'ai mis trois heures à pouvoir l'appeler pour lui dire que ça n'allait pas avec ce médicament. En fait je n'étais probablement pas déprimé, il s'agissait d'une crise d'angoisse vécue différemment, probablement avec un peu de mélancolie ; mais j'ai fait une mauvaise réaction à l'antidépresseur qu'il m'a prescrit. C'était une cause chimique. Plus de contact avec la réalité. Après j'ai lu la notice. Il faut vingt-quatre heures pour que le produit disparaisse dans le sang. J'ai attendu et c'est passé.

Et je lis tout. Résumons l'ordre dans lequel c'est écrit.

Composition du médicament : on ne fait pas attention, à moins de faire partie des initiés. La forme : suppositoires, cachets sécables ou non, gélules, sirop. La classe pharmaco-thérapeutique : c'est là où l'on peut vérifier si le médicament est bien prescit pour ce qui a apparemment été diagnostiqué par le médecin. Si donc cela n'a rien à voir, on peut se poser des questions. Puis le nom et l'adresse de l'exploitant : pas d'intérêt, à moins que dans l'actualité récente le laboratoire ait été condamné pour raison grave relayée médiatiquement. Dans quel cas utiliser ce médicament : on vérifie à nouveau si cela correspond à l'une des raisons de la consultation. Puis viennent les contre-indications. Et là, je me dis que les médecins sont vraiment très forts ! Parce qu'ils savent *a priori* que je n'ai pas d'insuffisance rénale, de glaucome, de maladie de Koërnel-Wilengeblaschat, etc. Sinon, ils ne m'auraient pas prescrit ce médicament...

Enfin, les effets indésirables. J'en ai déjà eu. Cela ne me gêne pas trop lorsqu'il s'agit de coloration de l'urine, de somnolence, bref de petites choses insignifiantes, mais rester prostré toute une journée pour une intolérance, avoir du mal à respirer avec de fortes nausées, cela peut vraiment faire très peur. Lorsque j'ai un effet un peu fort, je vérifie sur la notice qu'il y a bien indiqué nausées, somnolences, irritabilité.

Ensuite, nous avons quelques précautions d'emploi et les éventuelles interactions médicamenteuses, puis les avertissements grossesse et allaitement, la posologie avec mode, voie d'administration, la durée du traitement, la conduite à tenir en cas de surdosage – particulièrement anxiogène pour l'hypocondriaque, il est en effet indiqué là et en grosses lettres : arrêtez le traitement et CONSULTEZ IMMÉDIATEMENT UN MÉDECIN ! L'hypocondriaque traduit « immédiatement » par « je vais avoir besoin d'une réanimation » et « un médecin » par « vite, n'importe lequel car c'est urgentissime » !

Un hypocondriaque qui se respecte ne peut pas perdre une notice ? Eh bien si ! Cela m'est déjà arrivé, je sors la plaquette, je lis la notice, je la jette, mais comme j'ai fait ça pour plusieurs médicaments... Un soir, ou une nuit, j'ai un petit symptôme et je veux vérifier. Si j'ai jeté la notice, je suis bien embêté, mais cela arrive une ou deux fois par an.

L'hypocondrie est un problème comme un autre, il faut le prendre avec humour. D'une manière générale, les hypocondriaques sont plutôt doués d'humour. Ils aiment bien rire. Même ceux qui vont tout faire vérifier en permanence. L'idée qu'on peut se faire de l'hypocondriaque, c'est donc celle d'une personne qui aime la vie.

Du sport

Les médecins recommandent généralement aux personnes anxieuses de faire du sport. En ce qui me concerne, m'étant fracturé, lorsque j'étais jeune, une vertèbre cervicale dans un accident de ski, j'appréhende quelque peu la pratique du sport. Toutefois, je m'y suis remis pour suivre l'avis médical. Résultat : panique instantanée. J'ai persévéré, me suis calmé, ai pensé à ma ligne, à ma séduction, rien n'y faisait, l'hypocondrie prenait le dessus.

Un matin, je me réveille, mes filles sont absentes de Paris, en vacances, et comme ça, d'un coup, sans réfléchir, je me dis : « Jogging au Luxembourg ! » N'ayant pas l'équipement approprié, mais décidé à y aller, je recherche dans les affaires de mes filles un survêtement et une paire de chaussures de sport. Résultat des courses : un pantalon taille 34 au lieu de 40, et une paire de baskets taille 37 au lieu de 40. Sans peur du ridicule, les baskets transformées en mules, le jogging en culottes courtes, je m'aventure dans la rue sous les regards amusés des promeneurs du dimanche. En chemin, je m'arrête dans une épicerie arabe pour m'acheter une orange que je dévore tout en trottinant (j'ai vu à la télévision les marathoniens se gaver d'oranges et autres boissons vitaminées). Arrivé au Luxembourg, je croise d'autres joggers qui ont l'air amusés par mon accoutrement, mais cela m'est égal. Avant de me lancer, je fais, en imitant certains d'entre eux, quelques exercices d'assouplissement, le corps étiré entre les grilles du jardin. Légère tachycardie. Surtout y aller doucement, à mon rythme.

J'accélère et ralentis en fonction de la montée de mon inquiétude à faire une crise cardiaque. Au bout de huit cents mètres, je me dis : « Stop, n'en fais pas plus, ça pourrait t'être fatal. » Je m'arrête donc et prends le chemin du retour.

Et là, catastrophe ! Vertiges, nausées, tremblements, fourmillements. Je sens que je vais y passer, face au Panthéon, en pleine rue Soufflot. Du calme. Marcher doucement. Inspirer, souffler, inspirer, souffler. Enfin chez moi ! Je réussis à ouvrir la porte.

Mon anxiolytique, quelques gorgées d'eau et du sucre : un quart d'heure plus tard, tout est rentré dans l'ordre. Je me dis alors : « C'est normal, tu n'es pas habitué, il faut s'accoutumer. »

Et ainsi plusieurs semaines. Un jour, je rencontre des amis sur mon parcours : « Super, c'est génial, hein ? Allez mon vieux, viens avec nous ! » Moi : « Non, j'y vais seul, à mon rythme. » Et l'un d'eux : « Mais de quoi as-tu peur ? Moi, j'ai eu un cancer du colon il y a quelques mois. Le jogging, c'est super ! » Et moi, à chaque fois : glurps, je vais y passer.

Certains parcours se sont certes bien déroulés, me réconfortant dans l'idée que mon corps se portait bien, et puis, d'autres fois, j'ai vraiment cru y passer en rentrant à la maison avec de terribles haut-le-cœur et mes filles me disant : « Fais attention, tu en fais trop. » Il paraît que j'étais blanc comme un linge. Souffrant du dos en permanence et parlant de mes séances de jogging à mon médecin, celui-ci m'a dit : « Pas de jogging avec tes problèmes de dos. » J'ai donc arrêté, soulagé, me demandant en passant si mes petites crises de vertige étaient dues à une maladie quelconque.

Le temps a passé, j'ai oublié. Maintenant, j'ai décidé de me mettre à la gymnastique d'appartement. Tout se passe bien, je me suis acheté des haltères et un tapis de gym, et je fais les exercices recommandés par mon kiné avec en tête l'idée de me muscler un peu. Mais récemment une amie m'a parlé du test de la douche pour reconnaître certains problèmes cardiaques. « Si tu as la sensation d'étouffer ou de mal respirer en prenant ta douche, préviens ton médecin. » Panique à bord ! J'ai en effet pris l'habitude de faire ma gym avant ma douche. Depuis qu'elle m'a dit cela, j'ai une appréhension à prendre ma douche et l'eau sur mon corps me procure des sensations un peu bizarres. Je suis sûr que ça va passer, mais ce n'est pas agréable. Du coup, je fais un peu moins d'exercices. Je vais essayer de me raisonner, d'autant que j'ai remarqué, après avoir effectué quelques tests, que ces sensations bizarres sous la douche n'étaient pas dues à un problème de respiration, mais tout simplement à une différence de température de l'eau.

Cesser d'être hypocondriaque ?

On ne naît pas hypocondriaque, on le devient. Et l'on ne reste pas le même hypocondriaque toute sa vie. J'ignore si, en tant que telle, l'hypocondrie évolue, mais il est sûr que les moyens de la gérer changent avec le temps et l'expérience. On la maîtrise beaucoup plus. On l'apprivoise. On apprend à vivre avec elle. Je ne prends pas la parole à une réunion parce que je ne m'en sens pas la force à ce moment-là, mais à d'autres moments j'y arrive. Dans certaines situations, on pense que la crise pourrait arriver et elle n'arrive pas, tandis que, dans d'autres contextes, sans qu'on ait pensé à rien, toc ! la crise survient. S'il s'agit d'une situation plus compliquée, dans laquelle il ne faut pas perdre ses moyens, on s'en sort en donnant l'impression de faire un véritable malaise. On ressent alors, chez certains, un doux mélange de compassion et d'absence de jugement qui nous soulage – et Dieu sait si, dans ces moments-là, on a besoin d'être soulagé !

Si la gestion de l'hypocondrie évolue avec le temps, il n'est pas certain que l'hypocondriaque ait envie de s'en sortir. Ou plutôt, qu'il fasse des efforts pour se débarrasser de son hypocondrie. Car l'envie, je l'ai, tant cela peut fatiguer. Le problème, c'est ma crainte que surgisse à la place autre chose que je ne connais pas, un autre type de névrose. L'hypocondriaque aimerait que cessent les crises, mais il pense également que si tout va bien, s'il est « exclu » de la crise, ce n'est pas normal, il va forcément lui arriver quelque chose...

Que se passerait-il donc si l'hypocondrie disparaissait ? Qu'est-ce que l'hypocondriaque lui substituerait ? Le vide... la solitude... Il y a de plus en plus de gens seuls dans les grandes villes qui ne supportent pas la solitude, mais il y en a aussi de plus en plus qui ne supportent pas l'idée qu'ils pourraient éventuellement se retrouver seuls. On dirait que c'est la plus grande peur de notre société, cette peur de la solitude, et souvent chez des gens qui ne sont pas seuls. Des gens qui font tout pour ne pas être seuls. Or, l'hypocondrie, c'est une présence. Et elle ne peut être qu'en interaction. Il faut un autre regard. Si je suis seul, je devrais faire face à mon hypocondrie. Mais comme elle se nourrit du regard de l'autre, de fait, elle s'arrête. Imparable, non ? Voilà sans doute pourquoi tant d'hypocondriaques ont horreur de la solitude.

L'intensivité

L'hypocondriaque, il faut toujours qu'il ait quelque chose. Si ce n'était pas l'hypocondrie, ce serait autre chose. Il faut qu'il « remplisse » le moment vécu avec quelque chose de particulièrement intense. Bien entendu, ce n'est pas fait consciemment. C'est qu'il y a chez lui la profonde conviction que s'il mourait prématurément, il n'aurait pas suffisamment exprimé *l'intensivité*, c'est-à-dire l'intensité de vie, qui est en lui. L'hypocondriaque aime intensément la vie, c'est là son paradoxe. J'aime la vie, la gastronomie, la musique, la littérature, les femmes, les relations humaines. L'idée de mourir prématurément m'angoisse, parce que je n'aurais pas suffisamment vécu ma vie dans toute son intensité, dont j'ai besoin en permanence. D'abord, disparaître prématurément me priverait de vivre complètement ;

et ensuite il y a l'altruisme. Prématurément, c'est l'âge adulte, parce qu'on n'a pas, avant, conscience de la rapidité avec laquelle la vie passe (mon hypocondrie a commencé à l'âge adulte), de tout ce qui peut rentrer dedans.

La nostalgie peut donner la nausée. Quand je me souviens de ma jeunesse, de mes premières amours, de mes voyages adolescents, des vacances, des sorties, je ressens parfois une oppression qui se traduit par des nausées. La nostalgie me donne aussi le vertige, qui provoque des... nausées. Pas tout le temps, mais si je pousse loin cette mémoire, je peux avoir ce vertige. Pas forcément physique, mais de la pensée (si je suis debout, je ne vais pas tomber) qui va finir par donner le même type d'impression qu'un vertige physique.

Je sais que si je n'arrive pas à me contrôler, la nausée va entraîner une douleur au bras gauche, dans le dos, à la tête, etc. Tout cela augmente l'anxiété, des faux mouvements, des sueurs froides, jusqu'à avoir besoin de m'allonger. Cette succession me fait penser à une maladie grave, d'où médecin et compagnie. Cela fait boule de neige. Si l'on ne se raisonne pas, un symptôme en entraîne un autre qui en entraîne un autre qui... Et chaque symptôme est plus fort que le précédent. Cela prend de l'ampleur, cela gagne en puissance, jusqu'à me donner la sensation que je fais une crise cardiaque, une hémorragie, une embolie. Et tout cela à partir d'une simple névralgie brachiale ! Il faut donc arrêter.

COMMENT NE PAS SE METTRE EN SITUATION D'ANXIÉTÉ

Éviter d'accumuler une trop grande fatigue. La première chose à faire est d'avoir un bon sommeil : se coucher tôt et éviter de sortir quand on se sent trop fatigué (il faut à tout prix se coucher sans culpabiliser d'avoir trop forcé la dose, la culpabilité pouvant réveiller l'anxiété), ne pas lutter contre le sommeil, éviter ce qui pourrait troubler un bon sommeil comme un repas trop lourd ou tardif. Éviter de trop cogiter sur les amis, la famille, le travail, etc. Dans ce cas, se persuader que tout ira mieux demain. Prendre éventuellement un médicament approprié lorsque l'on se sent lourd avant le coucher, un antinauséeux ou un médicament contre les brûlures d'estomac, de l'aspirine ou du paracétamol si l'on a des maux de tête, des produits simples limités en effets secondaires (pas trop d'aspirine : on se coucherait anxieux, dans la crainte d'une hémorragie pendant la nuit).

Essayer de démarrer la journée correctement. Repousser les éventuelles anxiétés du lever, sortir du lit si possible dès que l'on sent que l'on a eu la bonne dose de sommeil en pensant positivement à la journée à venir et au futur plus lointain, et ce, d'autant plus que l'on ne se sent pas complètement d'attaque. Donc, ne pas broyer du noir dès le réveil et, si la tendance apparaît, se concentrer immédiatement sur quelque chose d'optimiste, un projet ou un fantasme.

Prendre un petit-déjeuner vite après le réveil, les symptômes de l'hypoglycémie pouvant entraîner des symptômes anxiogènes aboutissant à une anxiété hypocondriaque.

Ne pas oublier ses médicaments de base, surtout l'anxiolytique.

En cas de sensation de montée de crise, prendre un anxiolytique et quitter rapidement les lieux publics, voire le bureau, pour rentrer chez soi en passant éventuellement chez le médecin.

Éviter le contact de personnes que l'on ne connaît pas. Ne pas téléphoner, sauf au médecin.

Éviter de voyager seul, surtout à l'étranger.

Essayer de ne pas remettre au lendemain certaines décisions d'importance, quel qu'en soit le niveau (professionnel, financier, affectif).

Boire de l'eau régulièrement pendant la journée.

Faire du sport. C'est conseillé, je le sais. Hélas, dans mon cas, depuis quelques années, cela s'est toujours terminé par des crises d'hypocondrie : j'ai peur de faire une crise cardiaque ou une rupture d'anévrisme. Je nage beaucoup, mais en prenant soin de ne pas trop m'éloigner du rivage. J'ai tellement entendu parler de bons nageurs qui se noyaient !

Éviter les expositions trop longues au soleil, elles peuvent provoquer des insolations dont les symptômes entraînent des délires hypocondriaques.

Se nourrir correctement avec une bonne répartition entre les glucides, les lipides, les protéines et les protides.

Marcher beaucoup, surtout si l'on ne fait pas assez de sport.

Passer chez le médecin avant un voyage à l'étranger pour vérifier rapidement l'état global : tension, palpation, ordonnance à renouveler.

Éviter de suivre un flash santé à la télévision, mais c'est difficile quand on tombe dessus aux infos.

Repousser les discussions sur les maladies.

Garder son sang-froid lorsque la RATP annonce un accident de voyageur : c'est un suicide !

Ne pas parler trop longtemps à quelqu'un qui vous ennuie au plus haut point.

Être curieux de tout.

Dépenser avec plaisir, sans culpabiliser.

Faire plaisir.

Prendre soin de son corps pour en repousser la dégénérescence.

Se trouver des mots ou formules magiques permettant d'éloigner un mal possible.

Dîner avec des amis et aimer le bon vin.

Éviter de culpabiliser.

Parler beaucoup de ses centres d'intérêt.

Faire preuve d'humour.

Comprendre les autres. Essayer de ne pas les blesser.

Toujours relativiser.

Vérifier assez régulièrement que les proches vont bien, que les enfants sont bien rentrés à la maison, ou sont bien arrivés chez des amis.

Se palper certaines parties du corps.

Éviter certains mots ou expressions.

Se faire rassurer dans toute entreprise.

Espérer que l'équipe nationale ou qu'un club national gagne un match pour pouvoir refaire le match avant de s'endormir.

Éviter de fumer.

Heu-reux !

Contrairement à ce que l'on croit, ou à ce que disent les dictionnaires, l'hypocondriaque se situe du côté de la vie. Et il n'est pas malheureux. Malgré les crises, je suis un hypocondriaque heureux. Et tous ceux que je connais sont dans le même cas.

L'hypocondriaque malheureux existe-t-il ? Très certainement. Lui ne parle pas, ne rit pas. Est-ce la peur qui le terrorise à ce point, je ne sais. En tout cas, même avec la meilleure volonté, impossible d'engager la conversation avec eux sur le thème de l'hypocondrie.

Le « bon » hypocondriaque aime parler de son hypocondrie. Et il aime en sourire. Il a le sens de l'humour. Il est capable de prendre du recul par rapport à l'hypocondrie... Rire l'aide à durer. Mais il y a aussi l'hypocondriaque qui s'ignore, qui ne se perçoit pas, qui a des angoisses et qui reste figé dans son anxiété, sans repérer cela chez d'autres. Celui-là doit être malheureux. Cela se sent à son contact. Il ressemble aux dépressifs : il reste seul avec son hypocondrie. Pour lui, la difficulté doit être grande au quotidien. Sans doute l'oppression doit-elle être permanente avec lui.

Les dictionnaires n'ont donc pas tout à fait tort : il y a des hypocondriaques malheureux, et ce sont ceux qui ne veulent pas accepter leur hypocondrie. L'hypocondriaque heureux sait qu'il est hypocondriaque et, sachant cela, même s'il le cache parfois en fonction de son entourage, vit et joue avec. Il connaît des moments de pression, des moments d'anxiété ou de peur, mais au moins un courant passe. En revanche, l'hypocondriaque malheureux n'a plus de ressort, c'est un être à plat.

L'hypocondriaque aime la vie, il n'est pas malheureux, il reflète notre société. Sans doute est-il, aujourd'hui, le type de personnalité le plus moderne qui soit. C'est parce qu'il n'est pas dupe. Il donne des signes très forts de l'existence de l'espèce humaine. Des signes très forts des excès de cette espèce. Il est l'origine et la fin de l'espèce humaine. Il la porte avec ses symptômes dans son intégralité.

Tout le monde doute. C'est l'une des principales caractéristiques de notre société. L'hypocondriaque vient symboliser cette idée qui touche à la religion, à la vie, aux responsabilités, etc. Car il est profondément humain. Il rassemble. Il intrigue. Il séduit. D'une certaine manière, parce qu'il doute, il nous parle de nous-mêmes. Prenez une personne peu sympathique, faites-la passer pour hypocondriaque, elle acquiert aussitôt de la séduction, devient plus humaine.

Pourquoi l'hypocondriaque suscite-t-il l'intérêt des autres ? Parce qu'il s'inscrit dans le monde du sensible exacerbé. Il inquiète tout en amusant. Il peut faire basculer les gens. En tout cas, il les fait réfléchir. Que va-t-il chercher chez les autres pour le faire ressortir ? L'hypocondriaque met en scène, avec son petit théâtre portatif, une part de notre inquiétude profonde. La crainte de disparaître, exacerbée chez lui, est en chacun de nous. Lui la met en scène, avec humour, la dédramatise tout en en souffrant. Il exorcise notre peur de la mort. Il nous interpelle, là où nous nous sentirions bien exister aussi.

Réparer le père
par Robert Neuburger

Cerner l'hypocondrie ? L'entreprise est délicate, car il en existe d'innombrables, chacune dépendant de différents facteurs : le type de troubles rencontrés par le patient, la sphère considérée (pulmonaire, digestive ou autre, quelquefois très focalisée) et surtout le rapport au médecin, aux traitements.

Il y a ceux qui craignent d'être malades mais n'iront jamais consulter un médecin parce qu'ils ont trop peur que celui-ci découvre quelque chose de réel. D'autres y vont un peu, et certains y vont beaucoup. Quelques-uns vont faire tous les examens prescrits, incitant même le médecin à les multiplier, y compris les examens invasifs, dangereux. D'autres, au contraire, repartent avec une ordonnance qu'ils n'exécuteront jamais. De même pour les prescriptions médicamenteuses. Nombreux sont ceux qui se contentent d'avoir l'ordonnance. Mais d'autres vont scrupuleusement observer les prescriptions du médecin, certains les dépassant et faisant de l'automédication – leurs armoires à pharmacie sont pléthoriques. D'autres vont induire les médecins à prescrire des traitements, non plus médicamenteux, mais chirurgicaux, auxquels ils se soumettent tout en sachant que ces interventions ne sont pas justifiées : non seulement ces opérations n'apportent pas de soulagement, mais leurs conséquences sont problématiques.

C'est donc tout un monde, une constellation, l'hypocondrie. On ne peut pas parler d'une maladie et définir un hypocondriaque, quelqu'un qui serait porteur d'une maladie avec une cause unique et nécessitant un traitement standard. En fait, on pourrait représenter l'univers des hypocondriaques selon une courbe de Gauss, qui va depuis un comportement pratiquement normal de sujets qui peuvent parfois avoir des inquiétudes un peu excessives, jusqu'à des grands hypocondriaques refermés dans leur monde avec les médecins.

Cet intérêt pour la maladie et le monde médical ne doit pas être méconnu, car il fait partie de l'hypocondrie. Bien entendu, chacun d'entre nous peut avoir des rapports plus ou moins réguliers avec son médecin, mais le fait de laisser une place beaucoup plus importante à ce rapport au corps, à la maladie, au médecin apparaît systématiquement comme une solution pathologique à des problèmes que le sujet peut rencontrer.

Cela signifie qu'il n'y a pas de destin hypocondriaque, il n'y a pas un gène de l'hypocondrie. C'est une solution pathologique parmi d'autres possibles. Quand l'être humain va mal, rencontre des difficultés, il peut recourir à une solution qui consiste à s'enfermer dans un monde pathologique, celui de la maladie mentale, par exemple, ou celui de l'hypocondrie. Cette capacité est offerte à tous. Il n'y a pas de prédestination à ce niveau-là. Il peut y avoir, et c'est le cas de Gilles, des « trajets facilités » par un contexte familial, un dispositif psychologique, mais cette disposition peut être utilisée par tous pour autant que les conditions s'y prêtent.

Autrement dit, le même symptôme, par exemple l'hypocondrie, peut répondre à des difficultés d'ordre varié. Elle peut émerger comme réponse, solution possible à des souffrances qui peuvent être différentes. L'être humain a plus de façons, de raisons de souffrir que de solutions dans la pathologie. Il y a moins de pathologies que de causes de souffrances, ce qui fait que l'on ne peut pas préjuger de la cause d'une hypocondrie simplement à partir de l'étude du symptôme. Le symptôme ne dit rien en lui-même. Il faut à chaque fois, au travers de la confiance que l'on peut créer avec le patient, la relation que l'on peut tisser avec lui, démêler le trajet spécifique qui a conduit cet être précis à se lever dans ce monde particulier de l'hypocondrie.

Revenons donc au trajet spécifique de Gilles. Certains hypocondriaques pourront s'y reconnaître parce qu'ils auront rencontré des difficultés analogues et choisi la même solution, mais répétons-le : le trajet type n'existe pas. Gilles a cinquante-trois ans. Il est l'aîné de quatre enfants, trois garçons et une fille. Gilles a toujours sa mère, sa mère qui est bien sûr une dame âgée, qui a un long passé de... névrotique pourrait-on dire, dans le sens où elle a été connotée comme anxieuse, voire parfois maniaco-dépressive, bien que ce diagnostic soit plus que douteux, pendant de très longues années. Et depuis... Gilles ne se souvient pas quand sa maman n'a pas été anxieuse. Elle avait elle-même une mère extrêmement anxieuse et un père extrêmement anxieux, sans que Gilles ait véritablement accès aux raisons de cette anxiété familiale.

Son père est décédé d'un cancer, conséquence possible d'un cancer antérieur. On peut imaginer que pendant des années il a vécu sous la menace d'une récidive. Il avait lui-même des parents et un grand-père en particulier sensibilisés au monde médical. L'arrière-grand-père paternel, donc, de Gilles a comme par hasard fondé une maison d'édition médicale, qui a été transmise au grand-père de Gilles, puis a été dirigée par le père de Gilles, avant d'être perdue pour la famille. Il semblerait que certains événements aient fait que les parts de cette maison éditoriale ont été revendues à un autre éditeur, et aucun des quatre enfants n'a pu reprendre cette affaire. Il faut noter que l'un des frères de Gilles a créé une société liée au monde médical.

Certains événements sont également importants. Le père de Gilles, passionné de médecine, parlait beaucoup de la maladie, en particulier de la maladie des gens qu'il pouvait connaître. Il avait aussi une veine qui l'aurait probablement conduit vers la médecine d'urgence, puisque dès que se produisait un accident de la circulation, il courait voir s'il y avait des blessés et, dans ce cas, s'il pouvait aider. Gilles se souvient avoir vu, enfant, son père se précipiter, lors d'un grave accident, vers des corps sans vie éjectés d'un véhicule. Il se souvient encore de la trousse médicale d'urgence, en cuir noir frappé d'une croix blanche, placée en permanence sur la lunette arrière ou dans le coffre de la voiture familiale. Gilles a été à certains moments intéressé lui-même par la médecine, bien qu'il n'ait jamais réellement fait de démarches dans ce sens. C'est plutôt par délégation, puisqu'il a longtemps été amoureux d'une jeune femme médecin. Il faut aussi noter que si la sœur de Gilles ne semble pas avoir de grands rapports avec la médecine, elle semble avoir gardé le trait anxieux qui vient du côté maternel, il n'en est pas de même pour le dernier enfant, qui est médecin.

Ce qui apparaît dans l'autobiographie de Gilles, telle qu'il la présente en tout cas, c'est qu'il n'a pas toujours été hypocondriaque, cette hypocondrie étant arrivée *secondairement*, voire *opportunément*. Gilles rencontre celle qui va devenir son épouse et, très rapidement, comprend que cette jeune femme dont il est follement amoureux n'envisage guère de solutions pour aider le couple, sur le plan financier en particulier, et manifestement compte totalement sur lui pour assurer la sécurité financière, pécuniaire, du couple. Gilles est très vite angoissé par cette situation, d'autant plus qu'il a un rapport au monde du travail assez variable dans son intensité, mais n'ose bien sûr pas en parler à celle qui va devenir sa femme, qui devient sa femme, car il craint de perdre son amour s'il révèle son angoisse par rapport au travail, par rapport au fait de créer une sécurité pour sa femme, puis pour les enfants à naître.

Gilles est très angoissé, d'autant plus que les divers emplois que son épouse occupe lui paraissent précaires, alors que, dans le même temps, elle se montre très dispendieuse, fréquentant beaucoup les boutiques de mode, se livrant à des achats coûteux et qui vont l'entraîner finalement à avoir des rapports difficiles avec le monde bancaire, puisque son découvert va prendre des proportions qui, vu ses revenus, sont pour lui très importantes. Il est obligé de recourir à des emprunts, mais continue de ne pas en parler à son épouse, toujours pour la même raison, peur de déchoir à ses yeux, peur de perdre son amour. C'est dans ce contexte que progressivement vont émerger les comportements hypocondriaques.

Gilles me racontera assez précisément que c'est essentiellement lors de séjours dans des boutiques que cela se passe. Il aime bien cela, accompagner sa femme dans des boutiques de mode, il aime la voir parée, il aime la voir essayer de beaux vêtements, mais évidemment le risque est encore plus grand, dans ces moments-là, que sa femme achète et le plonge encore plus dans les difficultés. C'est dans ce contexte qu'il a ses premiers malaises, qu'il ressent fortement dans tout son corps, sans pour autant que ce soient des peurs paniques de mourir comme il en éprouvera un peu plus tard. Mais tout de même, les malaises sont tels qu'il ne peut rester dans la boutique, il est obligé de partir, contraignant ainsi sa femme à interrompre le cérémonial d'achat et à le suivre dehors.

Cela va malheureusement se révéler pour la suite une solution relativement fonctionnelle. Gilles peut apprécier le « pouvoir » de la maladie : freiner certains comportements de son épouse, sans pour autant dévoiler son impuissance à assumer des dépenses trop importantes.

Au début, il s'agit d'une sorte de jeu relativement conscient. Mais on sait que les jeux contiennent un message paradoxal : « Ceci est un jeu » ne dit rien, ne garantit pas que ce qui est désigné comme jeu soit un jeu. Et on voit Gilles perdre peu à peu cette notion de jeu, de semblant, et commencer une « carrière » d'hypocondriaque, c'est-à-dire quelque chose qui ne concerne plus directement son épouse, de laquelle il va d'ailleurs se séparer après avoir eu avec elle deux filles, âgées de douze et neuf ans au moment du divorce. La séparation, cependant, ne fait pas cesser les troubles. Au contraire, ceux-ci s'organisent, et Gilles connaît de mieux en mieux son rapport à la maladie.

Pour comprendre cet ancrage des troubles, le fait qu'ils perdurent, on peut se tourner vers quelque chose que j'ai retrouvé dans d'assez nombreux récits d'hypocondriaques, pour peu qu'on les entende longuement, patiemment et dans une ambiance de confiance : je veux parler d'un rapport très particulier au père. Ce rapport joue un rôle dans le type de relation que certains hypocondriaques, dont Gilles, entretiennent avec les médecins, à savoir qu'ils les sollicitent tout en leur déniant tout pouvoir : les propos du médecin sont très rapidement disqualifiés s'ils ne correspondent pas à ce que l'hypocondriaque pense. Gilles va voir un médecin, il sait qu'il n'a rien mais il sait aussi qu'il souffre, il se présente, il offre son corps, le médecin l'examine. S'il dit ce que dit Gilles (il y a de l'angoisse, il faut prendre des tranquillisants et ça ira mieux), il n'y a pas de problème. Mais s'il dit : « Oui, mais peut-être y a-t-il des troubles organiques, il faudrait faire tel et tel examens », alors Gilles pense qu'il s'agit d'un charlatan. Il fuit et rompt la relation. Ce qui ne l'empêche pas, lorsqu'il a un trouble réel – il a eu à un certain moment une pneumonie et fait de temps en temps des crises de colique néphrétique –, de prendre l'avis d'un médecin et de se laisser soigner.

Deux registres, donc : le registre normal, celui du rapport au corps, à la maladie et au médecin, et un registre « fantasmatique » particulier qui implique plusieurs partenaires, dont le médecin. Il apparaît très vite que ce médecin disqualifié recouvre une autre figure : la figure du père. Et dans beaucoup de cas d'hypocondrie, il s'agit d'un père qui, aux yeux de l'extérieur, semble un homme respecté, important, voire créateur, mais dont l'enfant, puis l'adulte, le fils, sait qu'il ne tient pas du tout ses engagements, que c'est une image derrière laquelle se cachent de nombreuses failles et faiblesses. Une expression anglaise rend bien compte de ce père-là : *he is a fraud* – c'est un imposteur.

Dans l'histoire de Gilles, certains éléments de la vie du père ne sont pas clairs. Il est le descendant d'une famille importante. Pourquoi le père de Gilles n'a-t-il pratiquement rien à transmettre sur le plan des biens ? Où est passé l'argent ? Comment s'est déroulée la cession de la maison d'édition ? Pourquoi sa femme était-elle si anxieuse ? Nous sommes en présence d'une image du père disqualifiée. Or disqualifier l'image du père, imaginer un père disqualifié, c'est très culpabilisant. La démarche de Gilles, qui consiste à disqualifier les médecins, n'est-elle pas une façon de réparer le père en montrant que tous les savants, tous les hommes qui sont supposés savoir, en réalité, ne sont finalement que des imposteurs ?

L'hypocondriaque et ses médecins

Entre le malade imaginaire, puisque c'est ainsi que Molière le nommait jusqu'à ce que la médecine en fasse un malade réel en le qualifiant d'hypocondriaque, et ses médecins se tisse un rapport ambivalent.

On pourrait qualifier ce rapport d'amoureux dans le sens où l'hypocondriaque courtise ses médecins en leur offrant ses symptômes variés les plus extraordinaires qui sont sensés les séduire ou du moins les intéresser et qui parfois y réussissent. Mais on peut aussi les qualifier « d'allumeurs » au sens où une fois l'intérêt du médecin éveillé, ils n'ont de cesse de le disqualifier en le mettant de façon aussi constante en échec !

Les médecins, de leur côté, vont manifester leur dépit à s'être sentis piégés par là où leur intérêt les porte, c'est-à-dire à considérer les êtres par le petit bout du symptôme. Le plus souvent, et s'ils sont honnêtes, ils vont témoigner d'un certain agacement qui peut se muer en franche agressivité. Le rejet net et le refus de prendre en compte une demande qui ne paraît pas substantée par une vraie disposition maladive est rare. Parfois la réaction est une escalade médicale, le médecin essayant à tout prix – et le mot n'est pas trop fort étant donné le coût social des examens complexes et approfondis, sans compter que certains sont invasifs, voire dangereux, et peuvent être sources d'une vraie pathologie – de détecter une problématique qui se cacherait derrière la plainte.

Parfois le médecin réagit en jouant les psychiatres et en décidant que ce type de demande est à classer dans le vaste compartiment des « dépressions ». Il va alors prescrire toute la gamme des produits dits (par les laboratoires qui les produisent) « antidépresseurs ». Le résultat est que ces produits entraînent des effets dits « secondaires » (toujours d'après les laboratoires en question) et qui peuvent dans certains cas et dans les cas d'hypocondrie en particulier se montrer « primaires », engendrant des troubles importants et bien réels ceux-là...

Enfin il peut adresser son patient à un psychothérapeute, ce qui est un moindre mal mais ne constitue que rarement une solution. En effet, l'hypocondriaque ressent réellement ce qu'il décrit de ses symptômes. C'est son corps qui parle. Il vit ses symptômes comme indépendants de lui, existant par eux-mêmes, sans rapport avec une quelconque disposition d'esprit. C'est là où il rencontre le médecin.

La raison d'être de ce couple difficile du médecin et de l'hypocondriaque est qu'ils partagent une vision d'un corps clivé. L'hypocondriaque traite son corps comme il traiterait une machine. Il y a, d'ailleurs, une grande parenté entre l'hypocondriaque qui va de façon répétitive exaspérer le médecin par les symptômes qu'il ressent dans son corps et le « petit bruit » que certains automobilistes entendent dans le moteur de leur engin et qui les conduit à harceler leur garagiste qui n'en peut mais.

Le théâtre, le cinéma, la littérature se sont emparés de ce thème avec bonheur et mieux que les écrits médicaux ont su rendre l'esprit de cette rencontre entre la médecine et son hypocondriaque. Nous citerons seulement un texte. Le héros est un jeune homme qui s'exprime ainsi : « Pour moi, c'était mon foie qui fonctionnait mal. Je savais que c'était mon foie qui fonctionnait mal, parce que je venais justement de lire une réclame de spécialité pharmaceutique pour le foie, dans laquelle se trouvaient détaillés les divers symptômes permettant de reconnaître qu'on a le foie détraqué : je les présentais tous. C'est une chose curieuse, mais je ne peux pas lire une réclame de spécialité pharmaceutique sans être amené forcément à conclure que je souffre précisément du mal en question, sous la forme la plus dangereuse. Le diagnostic me paraît correspondre exactement à tous les symptômes que je ressens[1]... »

---

1. Jérôme K. Jérôme, *Trois hommes dans un bateau*, Paris, Presses Pocket, 1954, p. 6.

Il faut convenir que la façon dont sont répandus certains maux contemporains par une presse qui peut se montrer complaisante en attribuant des symptômes variés à une même cause ne peut qu'encourager ceux qui, pour une raison ou une autre, sont attirés par la voie hypocondriaque à s'y mouler avec bonheur tant les descriptions sont vastes et incluent des troubles variés. Une des plus belles trouvailles du service marketing des laboratoires pharmaceutiques est le trouble diafoiresque appelé « dépression cachée », qui a, bien sûr, la caractéristique de ne pas se voir mais de se manifester par toute une gamme de troubles incluant tous les maux contemporains, depuis la lassitude professionnelle jusqu'aux difficultés digestives, et dont la solution passe évidemment par la consommation prolongée d'une spécialité fabriquée par le même laboratoire...

Les hypocondriaques pourraient à cet égard avoir une fonction sociale importante, car ils se nourrissent des failles de la pratique et des discours médicaux. Leur fréquentation assidue des professionnels de la santé leur confère une véritable compétence. En particulier, ils discriminent fort bien les médecins qui réagissent à leurs plaintes de façon adéquate à leur attente, c'est-à-dire avec des prescriptions anodines, et ceux qu'ils vont consulter pour des motifs qu'ils jugent sérieux et desquels ils attendent qu'ils manifestent des qualités professionnelles véritables et efficaces. Mais d'où leur vient cet intérêt pour les médecins et la médecine ? Et les médecins, d'où leur vient cet intérêt pour la fréquentation des personnes malades ?

Sauvé par l'hypocondrie !

Michel est artiste-peintre. Il avoue être « légèrement » hypocondriaque, mais précise aussitôt que cette hypocondrie lui a sauvé la vie. Le fait qu'il voie assez facilement (c'est le moins que l'on puisse dire) des médecins a permis en effet que lui soit précocément découvert un cancer qui semble aujourd'hui guéri.

Son histoire commence dans la petite enfance. Sa mère est extrêmement attentive à tout problème somatique. Elle couve littéralement son fils : elle a toujours peur qu'il s'enrhume, il est surchargé de vêtements l'hiver, elle aime beaucoup parler de maladie et fréquente assidûment les médecins.

Très tôt, Michel est attiré par les pharmacies. C'est là qu'il se sent en sécurité. Lui-même est une pharmacie ambulante. Il a chez lui énormément de médicaments. D'ailleurs, il adore soigner et, dès que l'un de ses amis se plaint de tel ou tel mal, il a vite fait de sortir de sa pharmacie le médicament qu'il faut ou de lui conseiller le médecin adéquat. On peut penser à cet égard qu'il est probablement un médecin refoulé. On trouve d'ailleurs quelques médecins dans sa famille.

Au niveau de ses troubles, il a toujours un endroit du corps qui le dérange, le fait souffrir, ou l'inquiète. Ce peut être les genoux, les oreilles, la plante des pieds, les hanches, etc. De ce fait, sa femme dit qu'il a toujours besoin de s'inventer des « petites misères ». Ce qu'elle a pu voir, c'est que dès qu'il se sent bien, qu'aucun endroit de son corps ne lui pose problème, on le sent angoissé, inquiet. Ses troubles sont quand même d'une nature particulière, car ils sont variables : il a mal à la plante des pieds, mais pas sur un court de tennis...

Michel est très respectueux des prescriptions médicales, il les suit scrupuleusement. Le problème, bien sûr, est qu'il va consulter de multiples médecins, lesquels ne sont pas toujours du même avis, ce qui le place parfois dans des situations difficiles parce qu'il ne sait pas très bien quelle prescription, quel conseil suivre. Cela dit, s'il aime bien avoir des médicaments, il n'a pas tellement de plaisir à les prendre. De toute façon, les médecins ne le guérissent jamais : dès qu'un mal disparaît, un autre peut immédiatement apparaître.

Aux dires de son épouse, qui le raconte avec un certain humour, Michel témoigne d'une satisfaction à se trouver quelque chose, une plainte, en particulier dès qu'il est hors de la maison. Elle a le sentiment que même si son mari a l'apparence d'un homme formidable, séduisant, généreux, tous ces troubles témoignent d'un certain égoïsme, en tout cas d'une grande préoccupation de soi. Elle indique que si l'on fait mine de douter de ses difficultés, si l'on ne « participe » pas, il devient « fou », crie, tempête, furieux, éprouvant le besoin urgent d'appeler un médecin, avec une nette amélioration dès lors qu'il lui parle au téléphone, quel que soit son avis.

Comment interpréter ces troubles ? On a le sentiment qu'il y a un fond d'angoisse, une peur très ancienne de mourir, de disparaître, et l'hypothèse la plus vraisemblable est que cette série de petits maux peut empêcher, parer le fait d'être frappé par un mal plus important (et c'est bien ce qui s'est passé dans son cas). Un peu comme s'il s'agissait d'abandonner une partie pour préserver le tout. L'hypocondrie, chez Michel, est une sorte de paratonnerre : ses symptômes témoignent qu'il est en vie, ils lui donnent l'impression de le mettre à l'abri de la mort. Michel a d'ailleurs dans sa famille été impressionné par des décès, des troubles très importants.

Comme beaucoup d'hypocondriaques, Michel a eu un père un peu particulier. Il ne l'admirait pas béatement, bien au contraire. Son père semble en effet avoir été très défaillant, surtout par rapport à une autre figure familiale, l'oncle maternel, un médecin célèbre et respecté. En mettant les médecins en échec (Michel dit qu'ils sont formidables, mais en réalité restent incapables de le guérir, puisque les maux se succèdent), il vise probablement cet oncle qui faisait de l'ombre à son père.

REMERCIEMENTS

À Benoîte Mourot, sans laquelle ce livre n'aurait jamais existé et à Jean-François Lamunière qui a soutenu ce projet.

Aux Éditions Payot & Rivages, et en particulier à Christophe Guias, mon éditeur, pour leur patience.

À Victoria et Olivia, mes filles, pour leur indulgence envers le « cinéma » où, malgré moi, je les emmène parfois.

À Rosanne, parce que les hypocondriaques peuvent être très fatigants pour leur entourage.

À Claudine, ma meilleure amie, qui refuse toujours les dérives hypocondriaques.

Enfin à ma famille et à tous ceux qui de près ou de loin « vivent » avec moi.

TABLE

Mise en page PCA
44400 Rezé

Achevé d'imprimer sur rotative
par l'Imprimerie Darantiere
à Dijon-Quetigny en
avril 2009

N° d'impression : 29-0558
Dépôt légal : avril 2009

Imprimé en France